I0842043

ARTE

STUDIO IN UNA NUOVA VISIONE
Il bigino dell'artista

di Charles Scarpini

Dissapori e divergenze in un tempo passato, un continuo contemporaneo in evoluzione, fino al nostro futuro

Edizione a colori

1

Un libro o bigino, dove si vuole raccontare particolari dimenticati o mai saputi, per avere una più coscienza dell'arte, un inserire o un ridisegnare quello che si vede e si prova in quegli attimi.

Una divisione di elementi in stili passati.

Poeti Scultori Musicisti e Pittori un essere o diventare artista per in un tempo come oggi di guadagno.

Le forme d'arte prese in considerazione, tralasciando i tempi degli arazzi e del cucito, è la pittura, arrivando fino alle Sculture, un non solo creare forme e linee ma anche un insieme di simboli per riconoscere inevitabili artisti. In un breve esempio possiamo ricordare come il viso in miniatura del Canova (1757 – 1822 - 1906) veniva ad essere apposto nella parte posteriore della statua, per differenza di altre sculture fatte da suoi studenti o adepti lasciati senza riconoscenza, ma ugualmente venduti per un doppio guadagno.

Nei dipinti presi in considerazione non sempre elencati per tempo e luogo una riscoperta di valori non solo prudenti.

Lo spirito non dello scultore, un evolvere e rivelare la

realtà di personaggi a parere loro non del tutto veri; un solo darsi sfarzo per alcuni, per un volersi farsi vedere in casi sporadici, o per celare la loro vera natura, facendosi attribuire tramite l'arte alcune particolarità per scoraggiare, in alcuni casi, male intenzionati, dove le tele venivano portate arrotolate sotto braccio e non solo messe in mostra.

Un affacciarsi a quella che potrebbe essere solamente una ripresa famigliare, volti e visi di sconosciuti somiglianti forse per un futuro proprietario visto una sola volta, prima del dipinto e, una seconda dove si ritirava l'opera.

Un farsi gioco quindi, di quei protagonisti ignari e al contempo contenti di quel loro ritratto.

Infine paesaggi, un immettere gente in quei luoghi visti e piaciuti con i quali l'artista tenta un guadagno, non un farsi riconoscere nel quadro, almeno non sempre, salvo firme appostate o ridisegnate come biglietti da visita. Il tutto, sia nel quadro che nella scultura, un simboleggiare come detto o inserire sempre le stesse particolarità; un rivisitare la vita.

Arte, un non tramandare fedelmente quelle che sono le conoscenze, almeno per quanto riguarda coloro che possiamo definire artefici. Una prima descrizione di come è iniziato tutto, un portare a visionare alcune opere in modo diverso per una ulteriore ricerca o un solo rivedere quello che potrebbe essere.

La storia, popoli antichi ancora oggi visti per quello che si presume facessero, riuscire nel loro intelletto a scoprire un primo utilizzo dei colori per adornarsi e farsi vedere.

Il primo mosaico, "un caso", per la rottura di un vetro o una lastra dove colori studiati per altri scopi hanno formato con effetti di luci un insieme di figure stimolando così l'immaginazione, un primo strumento di guadagno per avere un abbellimento da mostrare, un'attrattiva per amici e parenti.

Senza dilungarsi troppo sui primi 900 d.c., dove i colori facevano la loro comparsa per utilizzo, o come i primi rimescolamenti in quelle che sono le diverse sfumature, siano andati a interagire in pasture tirate a dovere per ricoprire schizzi in quel loro seguire linee, tal volta riviste se poco apprezzate o sbavate.

Storie che si intrecciano in quelle che possiamo definire evoluzioni umane, un inevitabile imparare a disegnare e assemblare diverse sfaccettature, un inizio non promettente per via dei costi non su misura e non per tutti, o per un'arte ancora da scoprire.

La pittura, un avere nella società un nuovo mezzo di comunicazione che non permette errori in una perfezione che molti vanno a ricercare.

Per una mentalità di esoterismi e scaramanzie, un primo beneficiario di questa tecnica lo possiamo ritrovare nella chiesa, un'attrattiva a quel credo a cui molti si approcciavano non solo per fede, ma per abbandonare quella vita di miseria e povertà che avrebbero dovuto affrontare.

I primi reperti portano a immagini sacre non studiate per andare oltre questi luoghi di culto, fino al 1840 confermato con Pio IX e un inevitabile riuscire a vendere, non solo comprare questi dipinti, un innescare di quelle che oggi definiamo "immaginette sacre" un modo per andare oltre a chiese o santuari senza risultare blasfemi, riconducendo il tutto ad una benedizione risaputa e tal volta di protezione.

2

Nei primi anni di passaggio, con la possibile unione di alcuni artisti possiamo ricordare Gaddo Gaddi (1225 – 1292) prima mosaicista poi pittore, in uno stesso periodo dove un altro riconosciuto artista faceva la sua comparsa, Cimabue (1240 – 1302).

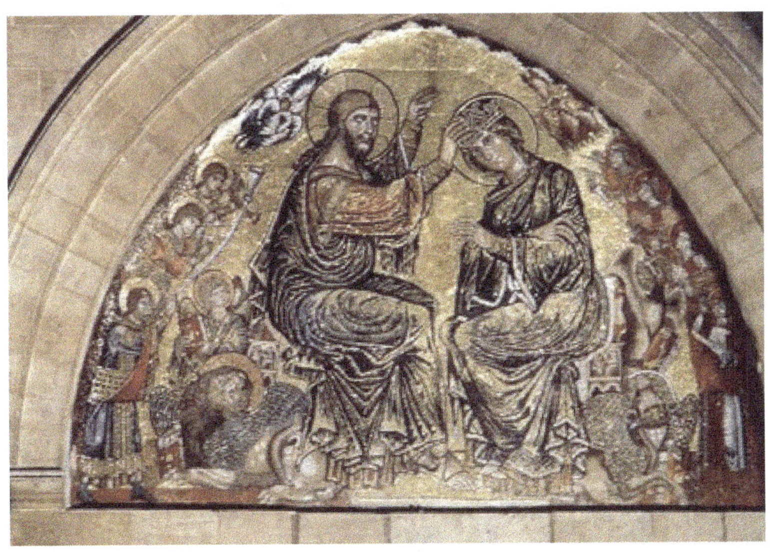

Gaddo Gaddi (1225 – 1292)

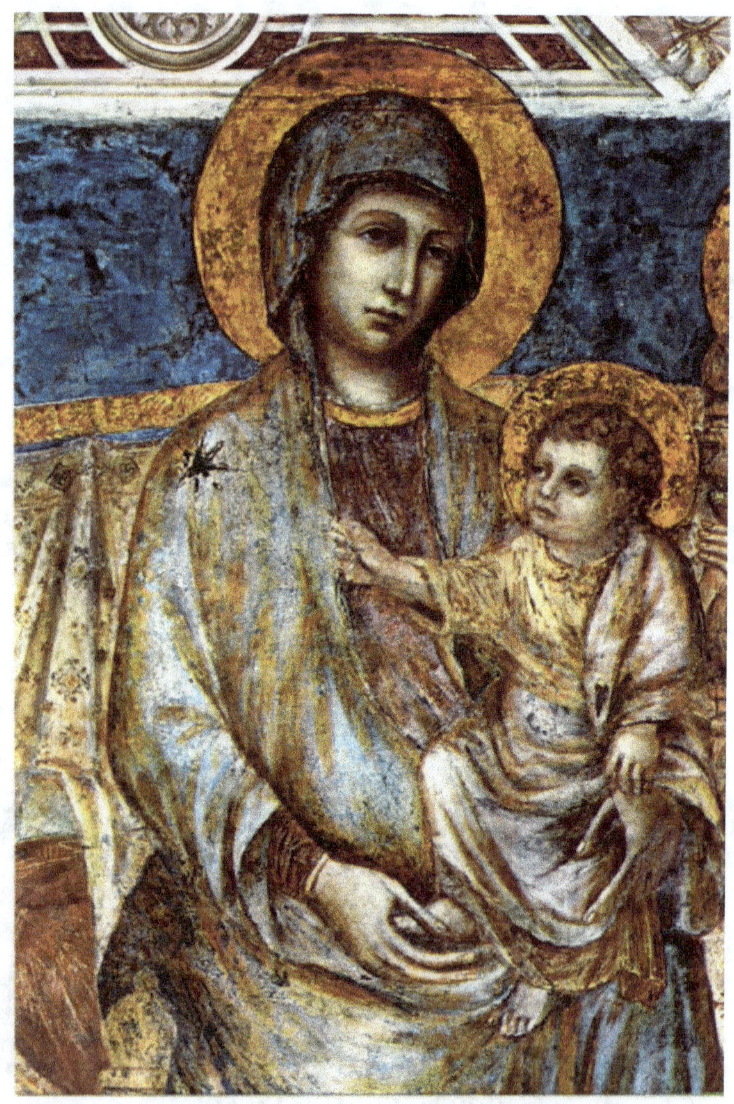

Giovanni Cimabue (1240 – 1309)

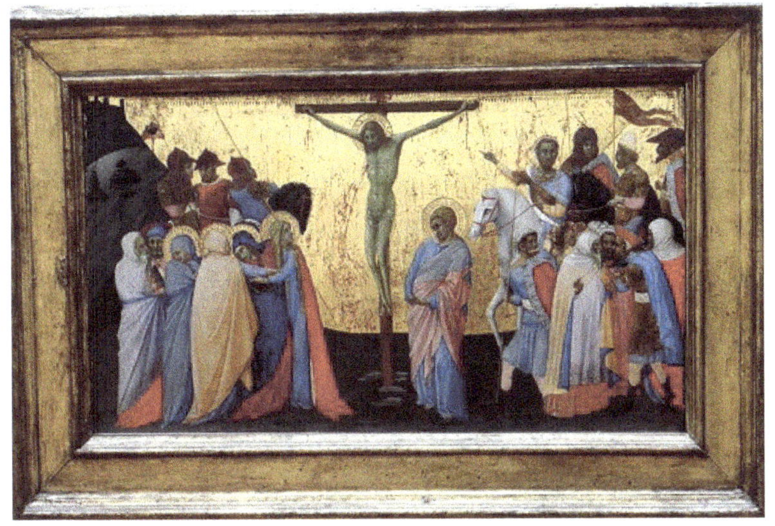

Bartolomeo Bulgarini (1300 – 1378)

Osservazione: un non proprio immaginare visi, una ripresa di persone conosciute (probabilmente famigliari) e rimesse in quell'atteggiamento divino e richiesto. Altri come loro, probabilmente senza avere conoscenza tra loro, sono attratti da quei primi rifacimenti, dando così vita ad un primo inizio.

3

IL PASSAGGIO

Siamo nel 1300 d.c. circa, un primo approccio timido per quello che diverrà un'insistenza, diversi apporti e un dilagare della tecnica che per molti porterà all'essere dimenticati o non riconosciuti come tali. L'artista e la sua vita ora prendono piede in quelle che vengono definite epoche, diversi gli atteggiamenti di questi pittori perché diverso il loro ceto.

Un rimettere mano a quel collante non sempre proprio, riuscendo a fissarlo per un maggiore tempo con l'utilizzo della pittura passando ad una copertura di pareti con veri e propri lenzuoli.

Una prima storia, non ancora bene conosciuta, riporta un nobile signore in un approcciarsi al bello, un volere attribuirsi per arricchire la sua ben nota prestanza alcuni dei dipinti. La richiesta particolare a quei tempi, "la non presenza in loco" per non osannare in sconosciuti la propria ricchezza, sfocia in un pensare a come dare sfogo alla richiesta, per avere maggiore dimestichezza nello spostare a proprio volere il dipinto e non un muro. Un ricordare arazzi, dove le tessitrici andavano a raffigurare in un secolo precedente e non solo, stemmi o uomini con la spada in figure intere. Altra l'idea in quel loro pensare più presente e a rigor di logica in un avere un tempo più breve per finire le opere.

"Un lenzuolo" per così dire, un ricordare quante volte si è sporcato in quel loro disegnare e ripulito, una vera e propria prima tela di quello che avrebbe dato vita al lavoro dell'artista, dipingendo non oggetti di chiesa ma lui stesso.

Un'introduzione per quello che si vuole definire quadro da appartamento.

1300 – 1350
Passaggi quasi obbligatori dà Mosaici a Murales (affresco su muro) infine su tela.

Da qui si passa all'insegnamento, maestri come Raffaello, prendono sotto braccio giovani per un elargire conoscenze, così linee all'apparenza uniche del pittore vanno a delineare anche altri lavori, che se venduti portano non solo guadagno a chi li disegna realmente, ma anche al suo protettore.

In questi casi il maestro non riporta la propria firma, (incompiuti); salvo insistenza dove danno interpretazione del proprio nome, per evitare che originali da loro stessi fabbricati potessero essere confusi. Per esempio una semplice "A" di Raffaello omessa in quel riuscire a tranquillizzare il compratore.

Con l'avvento di istruttori arriviamo alla creazione di paesaggi, un primo essere ligi a quello che ci circonda arrivando a sormontare questi ultimi a gruppi di persone in eleganti movenze, una variazione molto probabilmente dovuta per un allargare il mercato in una non più sola vendita, ma trasformando il quadro in una rivendita.

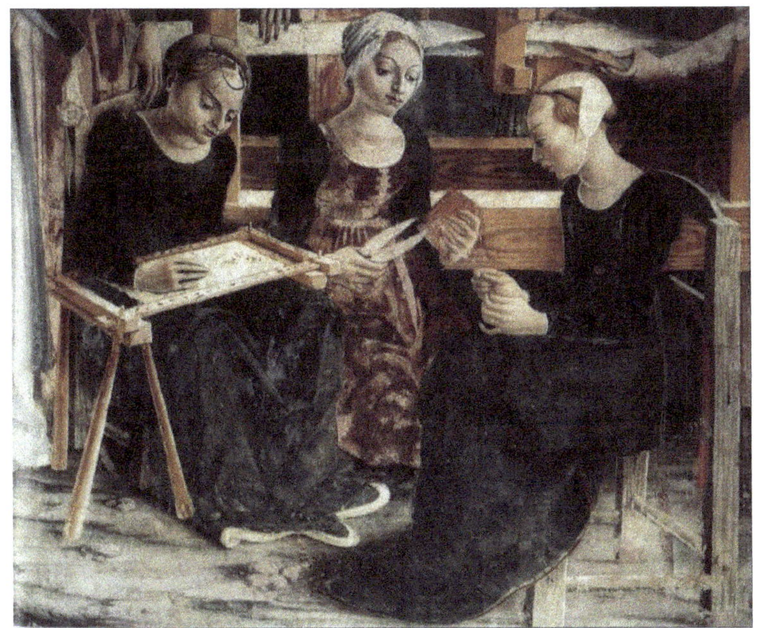

Francesco del Cossa (1428 – 1478)

Dipinto di come l'arte abbia preso piede nella vita quotidiana …

Un lavoro svolto da, non solo la moglie, vista cucire, ma un aiuto per un futuro cambio di ago e filo insieme ad un taglio per la separazione di quel filo in uso, i lineamenti in alcuni casi più sottili, danno il senso dell'età delle donne, figlie o vicine di casa, pronte a imparare e/o prendere il posto.

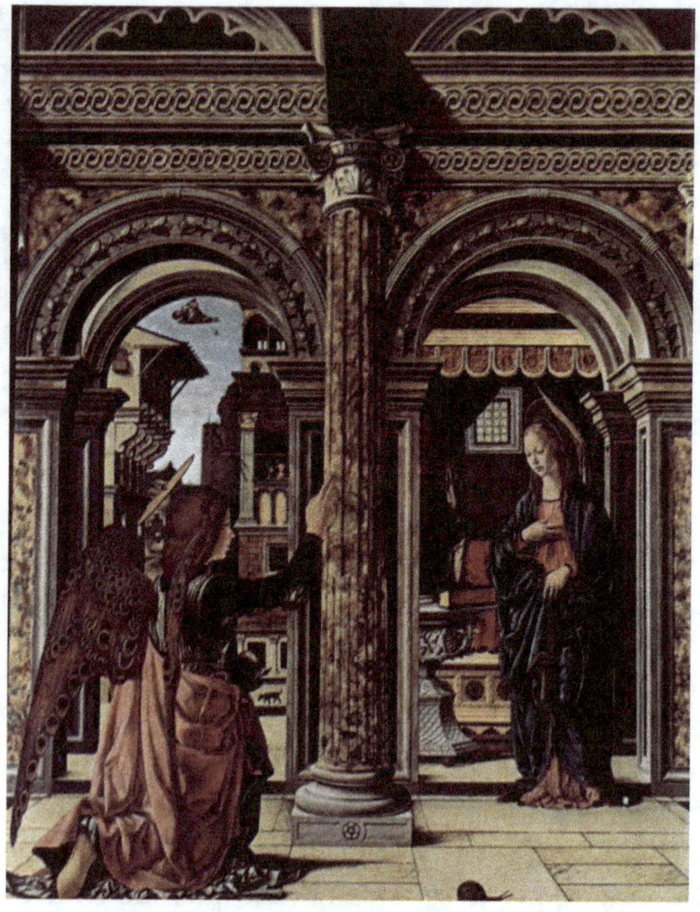

Francesco del Cossa (1428 – 1478)
… senza lasciare scoperta la sezione chiesa

1450 circa, un primo cambio di colore, da qui in avanti
i dipinti assumeranno linee più accese, una rielabo-
razione di quelle misture che vedevano oli, come la
pianta di acacia, prendere il sopravvvento su infarinature
non abbandonate di spezie che rendevano i
colori smunti.

4

In questo periodo (1350 d.c.), abbiamo le prime rappresentazioni di un'era dove le guerre e il disagio vengono a galla e riprese in quelle che sono immagini di soldati a cavallo e non solo, per sfociare infine in ridimensionamenti di pace.

Rappresentazioni di quello che succede o in un successo non molto lontano.

Insieme a tutto questo con una nobiltà sempre più distaccata e meno nota troviamo il popolo, il lasciare le proprie case dirigendosi in paesi vicini senza sapere cosa realmente lì attende, nella speranza di ricominciare una nuova vita. Uno spostamento quasi obbligato per quelli che sono i tempi, con saccheggi alimentati non solo dai conflitti ma dall'arrivo di malattie ancora sconosciute, ripresi da occhi innocenti e non solo; coprendo così un periodo abbastanza lungo, arrivando al 1600.

5

Un'era, definita barocca (1600 circa – 1750) in una evoluzione dal rinascimento.

L'artista dà sfogo a quello che è il vero, un non abbandonare alcune particolarità come l'inserimento di statue, ma arricchendo la pittura di alcune nuove sfaccettature. Rappresentazioni studiate non solo per elevare personalità importanti, ma rilasciare quella che possiamo definire una vera e propria critica. Il disagio del pittore, che suo malgrado, dovrà dipingere persone abbiette, riuscendo comunque senza farsi scoprire a dare testimonianza del vero io del protagonista.

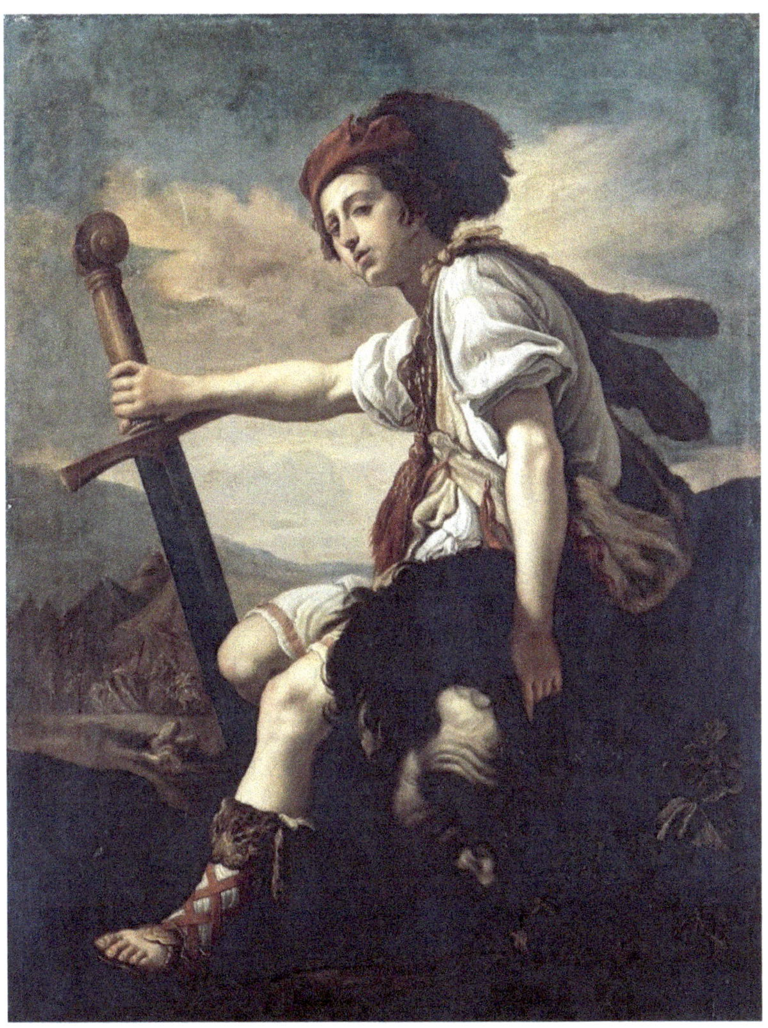

Domenico Fetti (1580 – 1623)

In questo dipinto la raffigurazione poteva voler dare significato a un lavoro non propriamente da far sapere, il soldato o il cacciatore di teste, un non voler essere identificato in quello che faceva senza sminuire il suo mestiere.

Il finto giovane, così definito per via del volto, nonostante la stanchezza ripresa e al contempo una rifinitura matura, per una evidente muscolatura oramai formata, il mantenere la spada in piedi con la mano rovesciata vuole poter dire una successiva ripartenza.

La testa mozzata non riconoscibile, rivista in più dipinti non è niente altro che figurativa per l'uccisione di almeno un uomo.

In una rappresentazione, dove lo sfondo riprende alcuni tendaggi con soldati e scudi, il significato del tutto, non è altro che l'arrivo della prova finale di quella inizializzazione per un proseguo con suoi pari.

Riprendendo il discorso della testa mozzata, non si vuole dare il volto al pittore per via di scaramanzie del tempo, quindi, un andare a disegnare la testa di un nemico o di qualcuno in evidente stato di morte o già trapassato.

Un proseguo per questa arte, un ritrovarla anche nel secolo successivo, in questa tela possiamo notare particolari differenze dalla precedente.

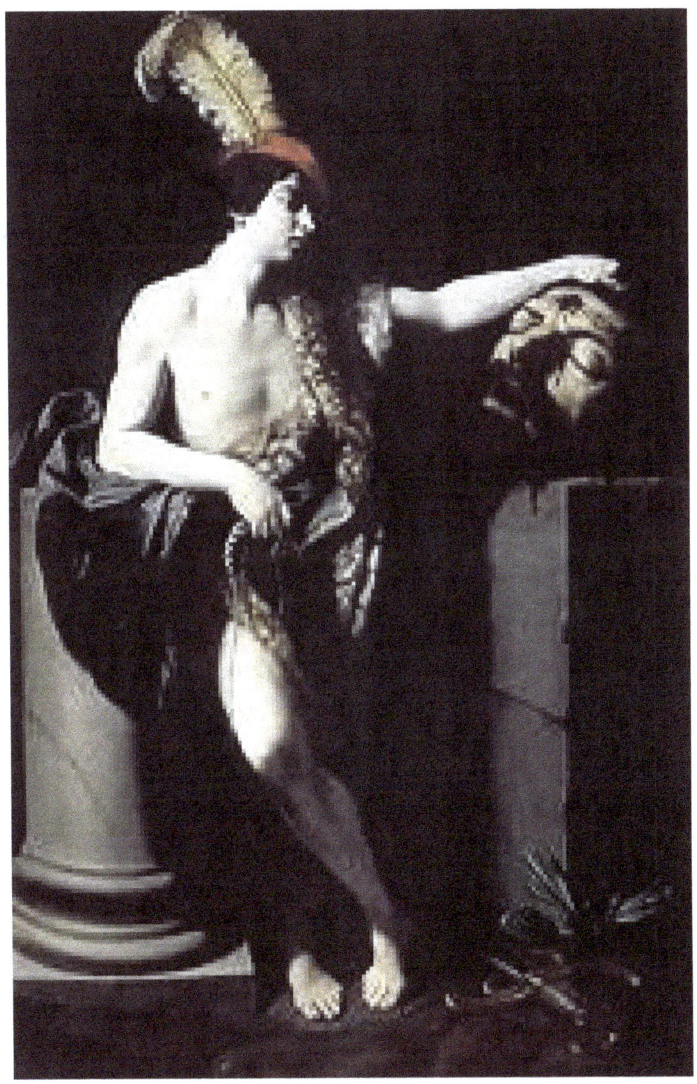

Antonio Cifrondi (1657 – 1725)

In questo caso il pittore probabilmente a conoscenza della vera natura dell'uomo vuole dare un altro significato al dipinto, nonostante si faccia carico comunque di dare al compratore quello che vuole.

L'uomo messo non proprio in posizione usuale per il mestiere raffigurato, rimane pulito e distaccato da quella testa che mantiene sollevata solamente grazie al basamento; la spada a terra non viene nemmeno toccata ma riflette il non utilizzo; la tunica non viene rifinita ma rimane appoggiata solo a coprire alcune delle parti; la piuma sfarzosa rimane elegante e troppo accentuata nella sua lunghezza, il tutto sminuisce senza far sapere al suddetto protagonista la falsità di quanto richiesto per una maggiore fama.

Come si può vedere la testa non è riconoscibile e rimane identica ad altri dipinti.

Altri elementi per una facile identificazione tra vero e bugiardo possono essere dati anche dal finto foro in testa, sicuramente non data da un'arma da taglio come può essere una spada, lo sfondo non ritrae quello che potrebbe definirsi un campo di battaglia, ma dà un facsimile di interno, con la mezza colonna, dove l'uomo si appoggia rilassato.

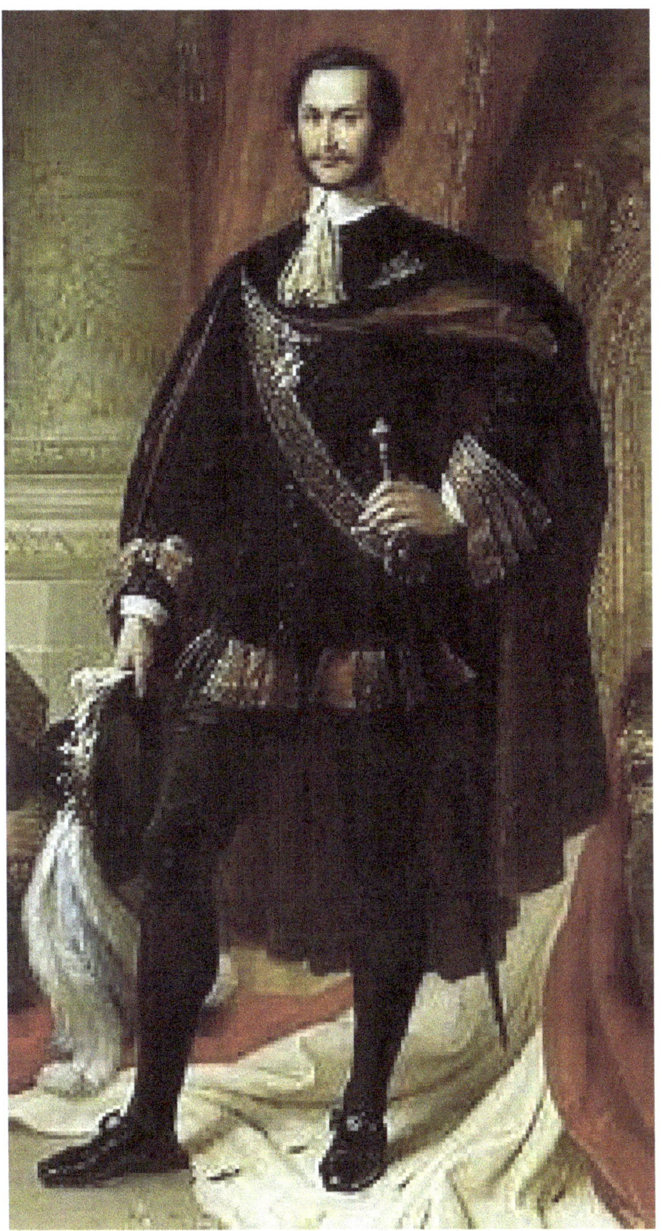

Luis Ier (1707 – 1724)

Un signore del tempo ritratto con la spada al suo fianco, non in utilizzo almeno per il momento questo un breve sunto di come il protagonista vorrebbe farsi vedere.

Un riuscire comunque dell'artista a eludere alcune delle aspettative, il cappello in mano per un farsi riconoscere non solo dall'artista, il dispetto è la piuma lunga e sfarzosa non propriamente ligia al ruolo, insieme alla scarpa elegante e fuori luogo almeno in quel tempo.

Per quanto riguarda il contorno, possiamo intravedere un ritratto per un farsi riconoscere dell'artista, sulla colonna infatti viene ripreso un viso, posto in cui l'autore riesce a darsi spazio.

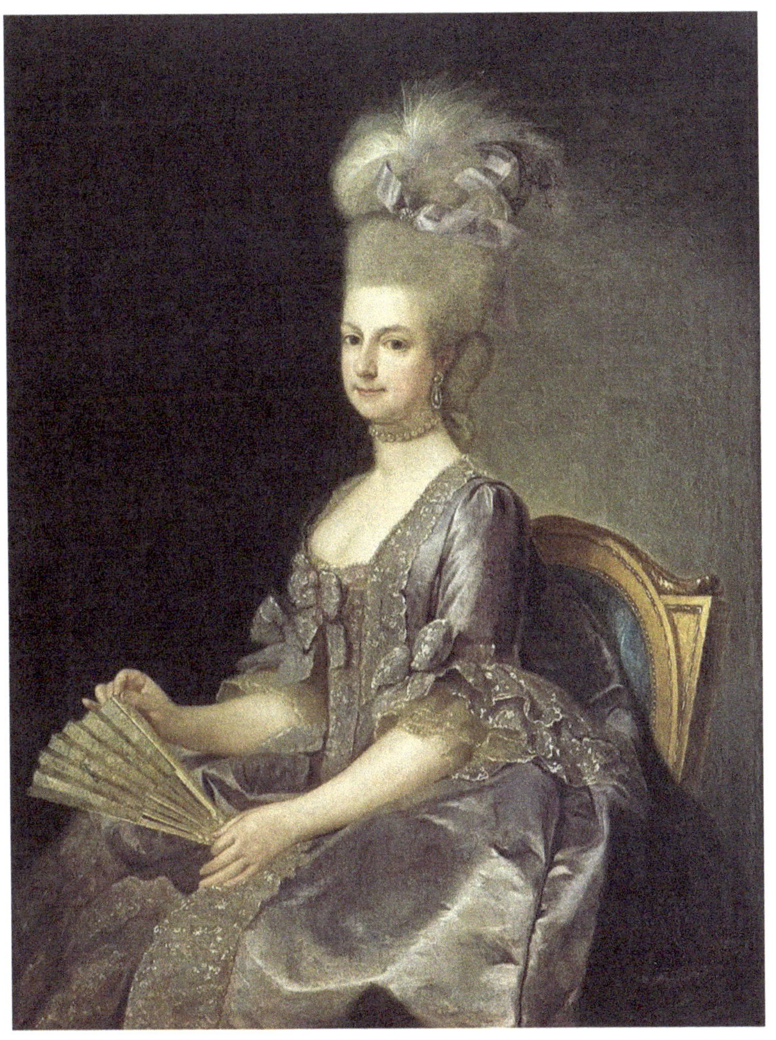

Altri dispetti ritrovati, di diversi artisti, come per esempio un voler dipingere una donna non compiacente nell' elargire denaro o di carattere non proprio socievole; un trattenere con il palmo nella mano o tra le dita (per intensità) un borsello con monete o un qualsiasi altro oggetto, un proprio controbattere sul prezzo precedentemente imposto.

In questo caso un mignolo non proprio bene in vista, dava insieme, l'idea di permalosità del personaggio.

6

La storia in quello che è un andare avanti, in una specie di pubblicizzazione verso sé stessi, dove troviamo il pittore rielaborare alcuni dei suoi quadri più o meno venduti in una nuova opera e non solo.

In questi anni siamo ancora a un non avere setole al seguito, l'insieme di ingegno e un cercare nuove soluzioni, come accennato, dà vita all'innesco di quello che abbiamo definito spatolamento, l'attrezzo inizialmente senza manico era semplicemente una lamina affilata, dove il pittore raccoglieva il colore e lo spargeva sulla tela e non solo (ricordando affreschi su parete); con questa tecnica le difficoltà non mancano, la forza impressa e una pittura non troppo morbida, dovevano coesistere per affrontare linee più lunghe e meno differenti tra loro in un rifacimento della pittura, rispetto all'utilizzo di mani e dita, quest'ultima tecnica comunque mai abbandonata.

Un tipico segno di quello che possiamo trovare è l'appoggio, in quel loro proseguo di colore e linee, l'attrezzo utilizzato ora più comodo, non per tutti, per via del manico, va a segnare la tela poco prima di far colare il primo strato di pittura o di spanderla; questo uno dei motivi principali del poco utilizzo dell'utensile e un continuo proseguire in alcuni casi con le mani.

7

L'ARTISTA PIU' RICHIESTO

Più si va avanti e più le richieste di artisti famosi per l'epoca si fanno pressanti; da qui l'utilizzo non solo del proprio, ma un riportare quasi fedelmente il dipinto conosciuto di artisti noti su uno sfondo o appeso ad una parete per aumentare così il livello sembra diventare quasi consuetudine.

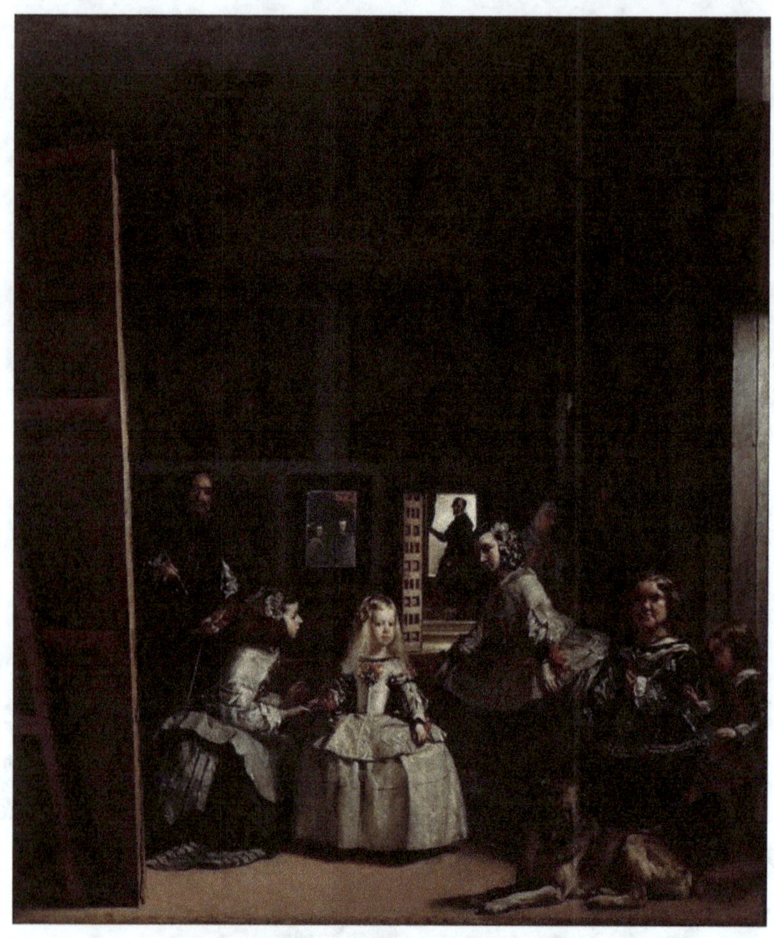

Diego Velazquez (1599 – 1660)

In questo dipinto possiamo trovare alcune introdu-
zioni: nei quadri posti in fondo al muro, di diversa grandezza abbiamo tele finite e pronte alla vendita, cornici
NERE strette.

L'innesco ad una diversa interpretazione lo possiamo
dare ai tre più piccoli, posti appena dietro le spalle del

pittore: dei venduti e consegnati o pronti alla consegna, cornici NERE larghe.

Uno in bella vista raffigurante una coppia, probabilmente lui e la moglie, venduto per somiglianza in una richiesta a beve.

Il secondo non bene in vista nascosto dalla sua stessa spalla, un non suo, ma per elogiare il predecessore, non troppo, per via della cornice più chiara.

Il terzo un paesaggio fatto su richiesta, un non apprezzato dal pittore e per questo posto a terra, la cornice scura e grossa indica un suo venduto, o una partenza.

Nell'immagine principale figlie in posa per apparire ed essere ritratte, insieme ad un animale di compagnia, una protezione; in una delle figure il viso sembra essere invecchiato rispetto ai precedenti, la moglie in altezza ridotta rispetto ad altri dipinti fa presumere una inevitabile mancanza, non un trapasso, o più semplicemente un innescare l'idea di non averla apprezzata veramente

Alle sue spalle una suora e un prete compratori, una rappresentazione di accordo tra le parti, una ripresa di quella croce sul petto, o alla dipartita della moglie un avente diritto.

Sulla soglia della porta abbiamo un uomo, dalla posizione possiamo definirlo un diverso elemento, un ennesimo compratore andatosene a mani vuote o per fine prenotazione; fino a ridurre la possibilità di un sé stesso che si allontana dopo aver dipinto uno dei suoi ultimi capolavori.

Cambiando dipinto troviamo:

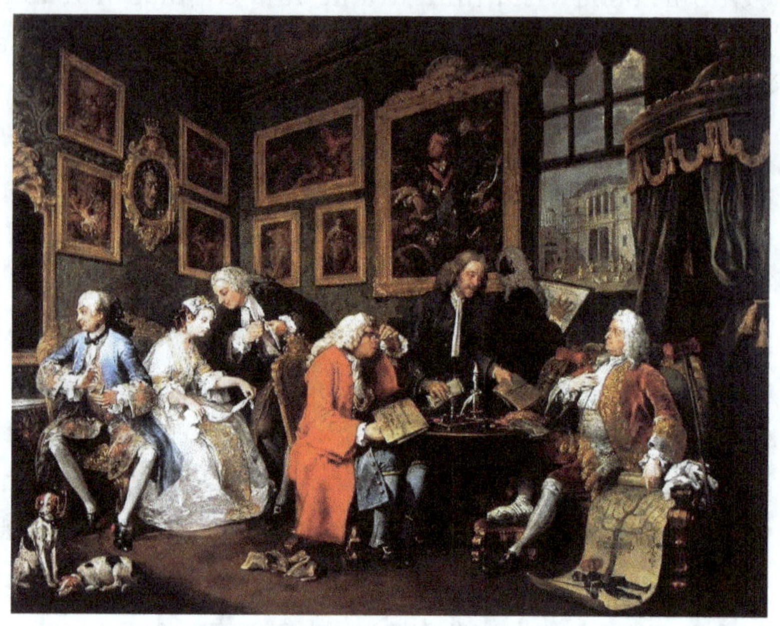

Wiliam Hogarth 1697-1774

Un primo gruppo di gente immersa in uno scambio di contratti d'affare del tempo, la donna non propriamente tagliata fuori è in attesa, mentre le viene spiegato cosa sta accadendo tra avvocati, sicuramente per un non accordo la decisione ultima spetterà a lei; nel rispecchiare quello che era il ceto sociale.

Per quanto riguardo lo sfondo, i dipinti come si può vedere, quasi sicuramente non presenti nella stanza, sono di maestri ispiratori a cui l'autore ha voluto dare omaggio.

Cornice ORO, questo tipo di rappresentazione rimane per conoscenza non solo all'autore; modificando la cornice non propriamente liscia, si vuole dare risalto e maggiore spinta non solo al proprio dipinto, ma anche all'artista più conosciuto.

Scorrendo in questa foto riportata, si può vedere come alla finestra abbiamo parte di un'opera probabilmente venduta, dell'autore stesso, l'incorniciare questa ultima in modo differente è un risaltare il proprio.

La tela, disegnata in srotolamento, in basso, si può presumere essere uno dei dipinti nuovi e/o non ancora venduti forse in futuro questa potrà essere incorniciata.

Un altro elemento che possiamo identificare come esterno alla faccenda, è dato dalla presenza di una persona posta al fianco della donna, disinteressato per via della posizione voltata e dal tenere al guinzaglio dei cani; probabilmente l'autore ha voluto raffigurarsi per lasciare un suo io nel dipinto.

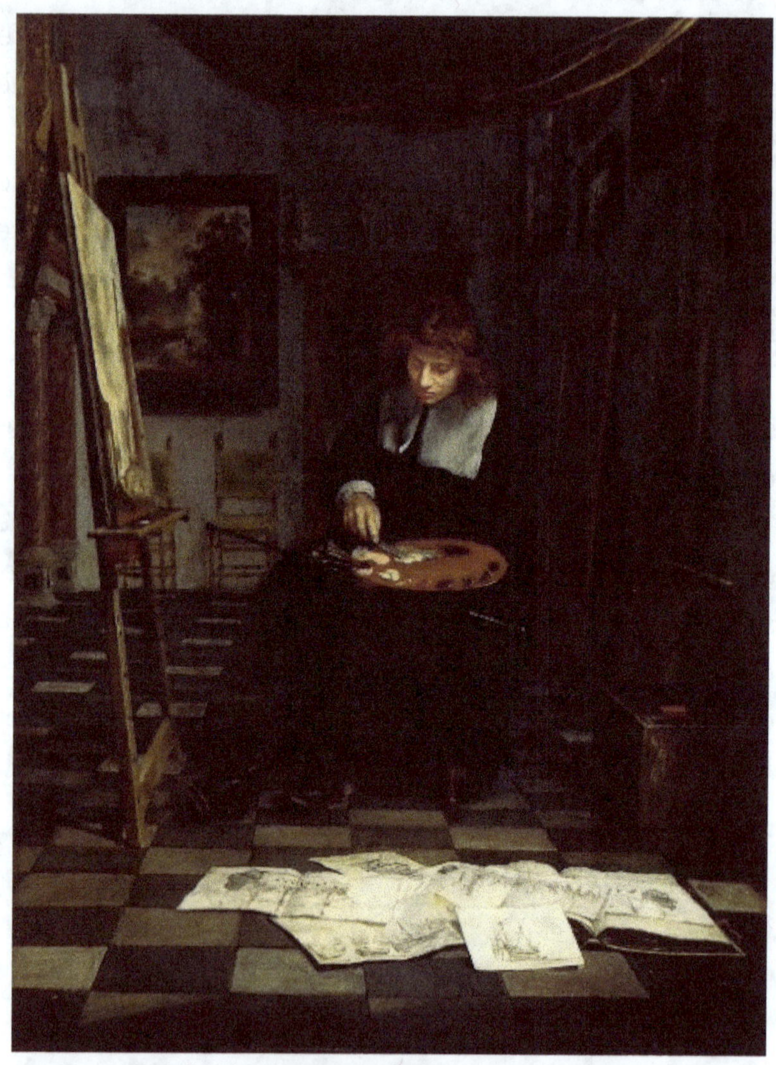

Michiel Van Musscher (1645 – 1709)

Il pittore all'opera, in un suo prendere concentrazione, riportando lo schizzo a terra su tela, ritraendo al contempo altri appunti di disegni, forse portati a termine.

Sullo sfondo dipinti dalla cornice larga NERA, dei venduti, in un immaginare come quelle tele siano tra gli schizzi a terra in quel libro insieme ad altre idee, rende l'idea di quanto l'autore ci tenesse a mantenere viva la sua arte. In secondo piano, sopra la porta possiamo dare sfogo ad una seconda introduzione dove l'artista non è solo pittore ma anche scultore, probabilmente in minore quantità e diletto.

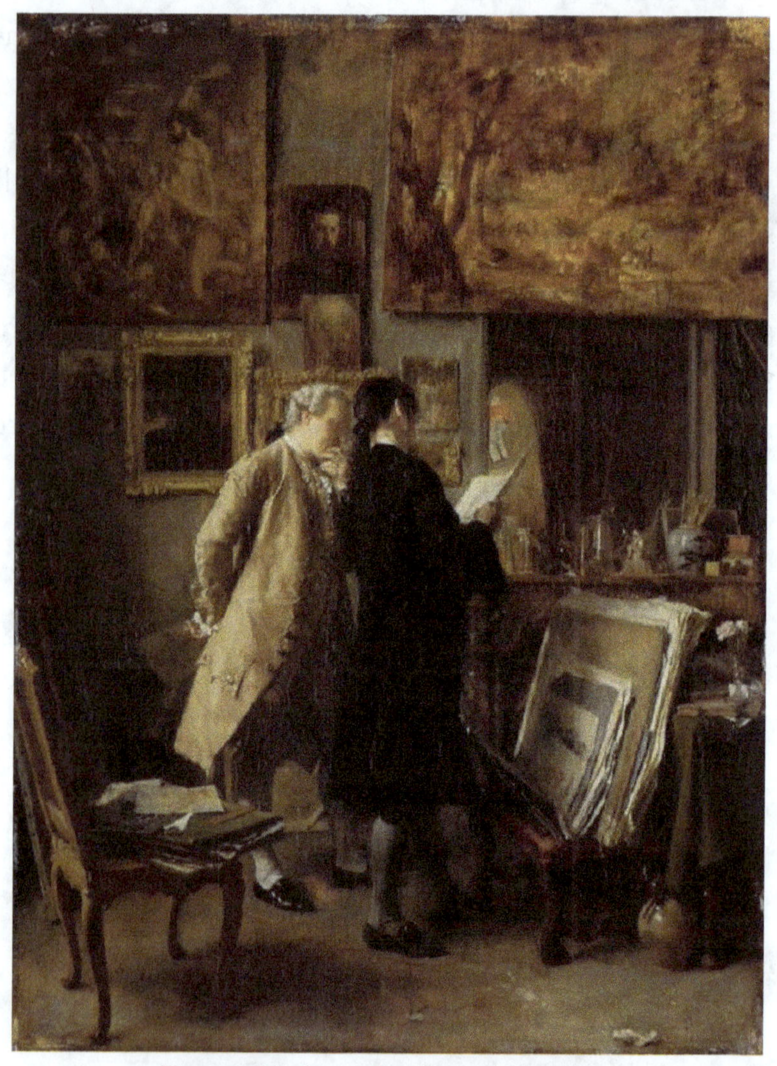

Ernest Meissonier (1815 – 1891)

In questo dipinto possiamo trovare diversi elementi, dall'inevitabile presenta di persone per un redigere contratti a un far vedere alcuni schizzi di opere a tele finite.

In alto, le più grandi, finite e in attesa di una vendita, probabilmente l'autore non era troppo entusiasta per dove in quel tempo erano finite, forse dimenticate per via della grandezza.

Un riprendersi in quell'autoritratto non da vendere e quindi non incorniciato, come altre riprese appena sotto, nella speranza che qualcuno le accetti in quella possibilità di vederle un giorno incorniciate.

Schizzi ordinati in quel farli vedere dipinti non ripresi e venduti o con qualche ritocco introdurli in quel mondo di arte.

Infine cornici ORO con particolari che mettono risalto, due differenti approcci per una usanza nel dare omaggio a maestri precedenti, il dipinto coperto a differenza del compagno, è un probabile riscontro della non voglia di ricordarlo, quindi due diversi artisti per due differenti opere.

8

Le dimostrazioni di affetto prese poco in considerazione, riportano a noi personaggi descritti come persone di ceti superiori, ma sarà sempre stato così? Questo solo l'inizio di quello che potrebbe essere.

Un elencare alcune delle uniformità della vita, come accennato precedentemente, abbiamo il pittore che verifica a suo modo alcune sfaccettature che sta vivendo, un esempio possiamo trovarlo con Caravaggio (1571 – 1610) in e Pietro Paolini (1602 – 1675)

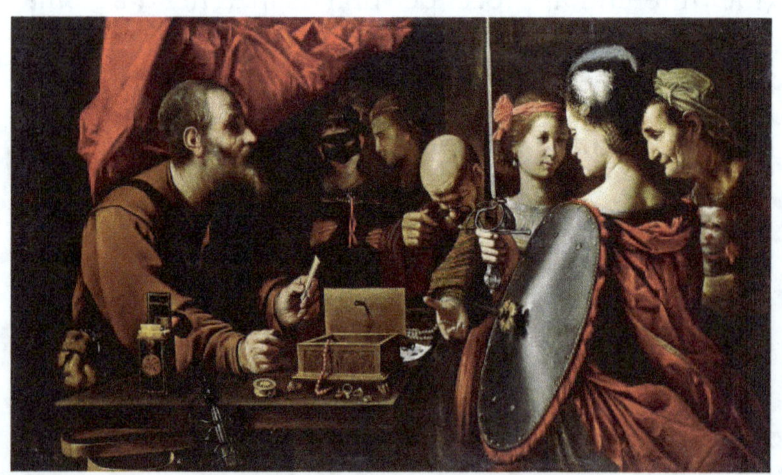

Pietro Paolini (1602 – 1675)

Un inserire lo scudo e la spada in una figura femminile, un primo intravedere quello che potrebbe essere un'assenza, ma al contempo immaginare una figura materna forte e implacabile in quel verificare o dare denaro senza battere ciglio.

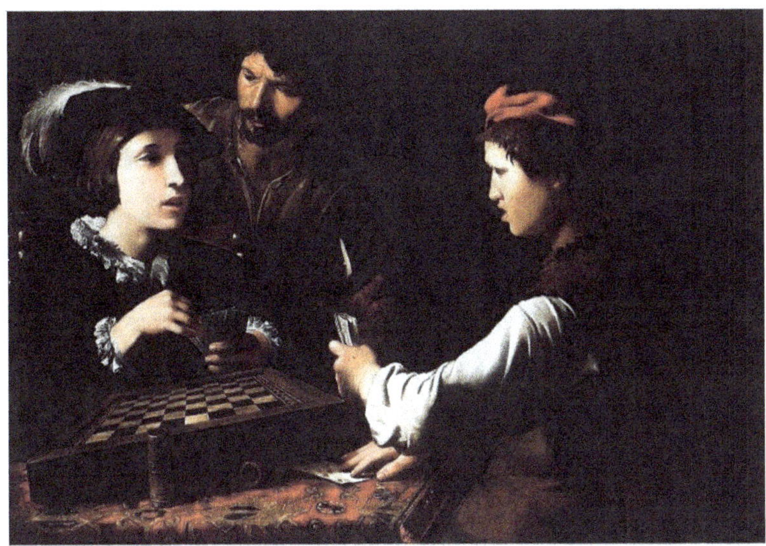

Pietro Paolini (1602 – 1675)

Ora è in quel reale cresciuto abbastanza per tentare di fare soldi, avere un guadagno in una disonestà, non l'unico dipinto che riprende quello che sembra essere un suggeritore per una vittoria certa

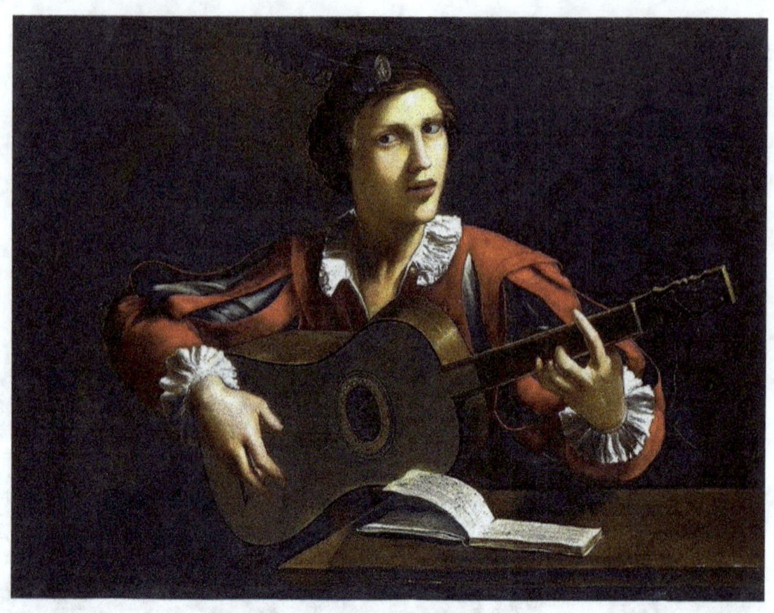

Pietro Paolini (1602 – 1675)

Ritratto mentre suona una sua probabile prerogativa in quel periodo, un essere oltre che pittore anche musicista, il libretto posto sul tavolo appena davanti, segnala una melodia scritta e da imparare, o come si vede in questo periodo in auto critica un provare a scrivere quella che diventerà una produzione propria.

Tutta una presa in giro per via della corda rotta, questo prendersi non sul serio per un'arte non sua viene ripresa anche in altri ritratti. (un voler imparare mai riuscito)

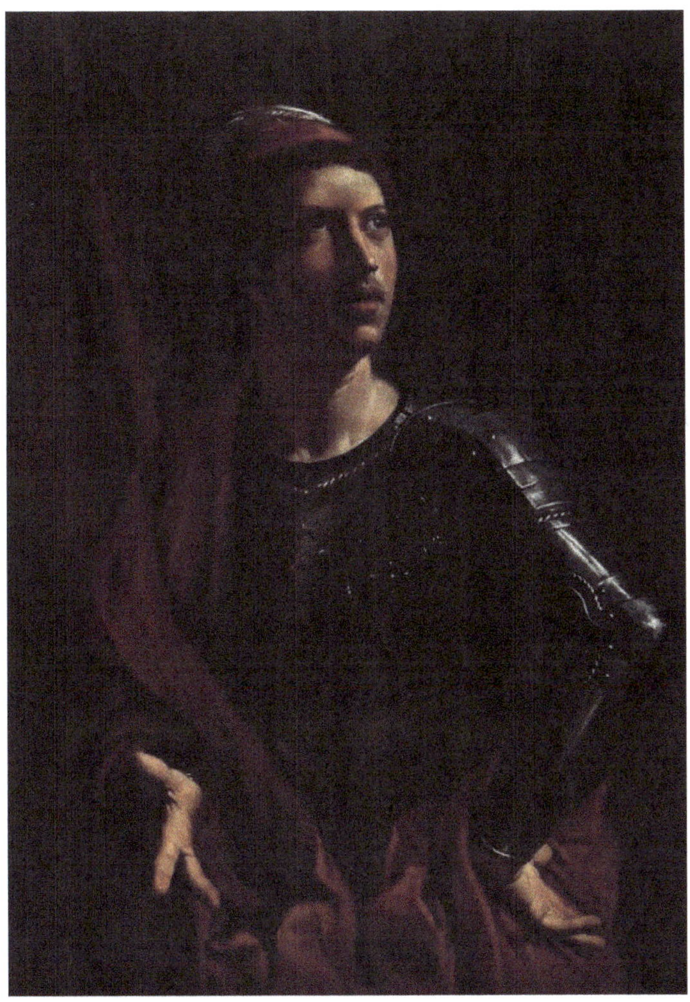

Pietro Paolini (1602 – 1675)

Un continuo interpretarsi, per quello che dovrebbe fare, una chiamata dell'epoca mai risposta, un innalzare la sua persona in un'armatura e al contempo coprirla, per alcuni un soldato ritiratosi dopo la battaglia, per altri solo un darsi tono senza essere preso di mira.

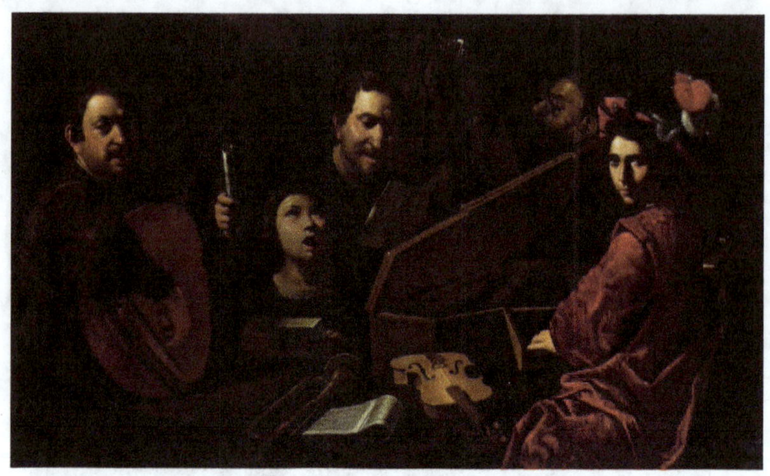

Pietro Paolini (1602 – 1675)

Un disegnarsi verso quel gruppo di suonatori, ora il suo sogno si è realizzato, anche in questo caso abbiamo il gioco di inversione in un non proprio strumento che dovrebbe avere delle corde, un finto piano forte, una vita mai vissuta veramente.

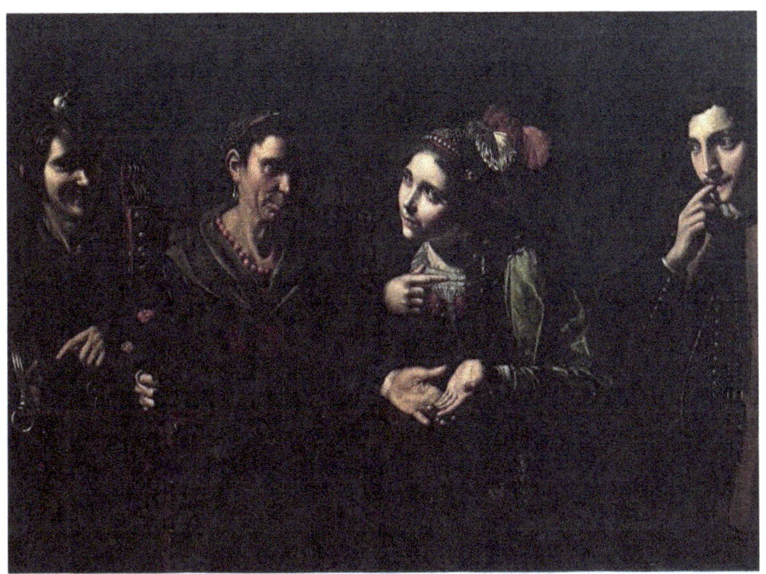

Pietro Paolini (1602 – 1675)

Un ritrovarlo, una ripresa di vita che lo vede far sfumare un guadagno facile, una disonestà che frutta del denaro extra a chi la pratica.

Uno specchio per indicare una leggenda, raffigura il non riflesso della donna anziana, il viso con sguardo consapevole di quello che sta facendo rappresenta una megera in procinto di portare a termine il suo compito, un derubare l'ignara inconsapevole per una lettura della mano. Un avviso alla giovane per non fidarsi.

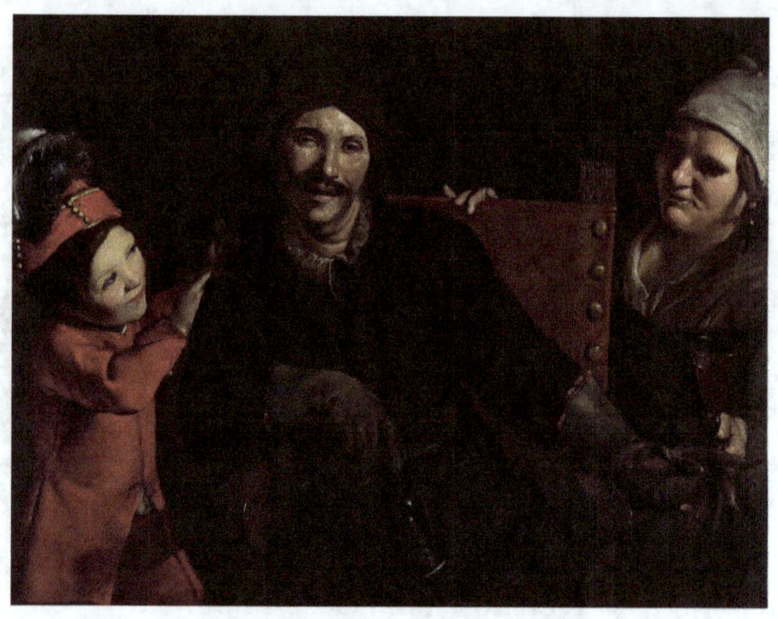

Pietro Paolini (1602 – 1675)

Ora vecchio in quel continuo mettersi in mostra in una vita che non lo ha certo risparmiato.

La seduta potrebbe far pensare ad un arrivo, insieme ad una moglie e una figlia, ma il vestiario non mente, il guanto rotto, la postura storta e la spada non proprio in posizione usale lo dà per una fine ingloriosa.

Il non accorgersi probabilmente di essere diventato un artista in quell'epoca di pittura o un essersi sottovalutato, ecco un dipinto finale che lo vorrebbe collocare in un ceto medio basso.

Un ultimo atto per apparire in quella inversione per non essere preso per qualcuno che ha fatto i soldi..

9

Un pittore che prevede come sua musa ispiratrice la propria vita insieme ad altri elementi che la circondano, senza per questo non apparire: è Jan Vermeer (Erner) 1624 - 1689

Un tipico esempio di simboli mai del tutto resi noti, in una famiglia rimasta unita.

Un riprendere quella vita quotidiana a contatto con una malattia che presto porterà via quello che ama, lasciandolo con un dilemma, l'allevare una figlia da solo e senza moglie.

Dai dipinti in successione e non solo si va dalla convivenza fino al successivo cambio di viso, diverso e meno elegante.

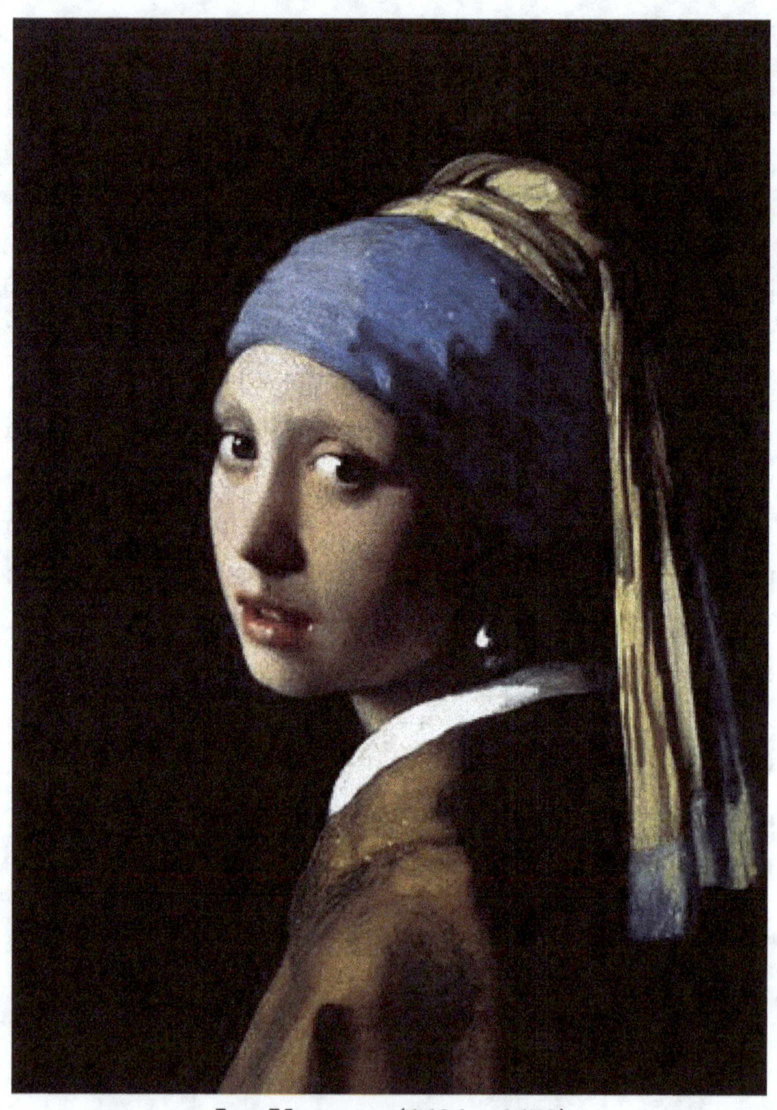

Jan Vermeer (1634 – 1673)

Un dipinto raffigurante una donna dal volto triste in quel suo vivere, la particolarità nella chioma raccolta in uno strofinaccio senza mettere in mostra nemmeno un capello indica un essere malata, probabilmente terminale.

L'orecchino e il rossetto rendono il suo viso attraente non solo all'occhio innamorato del pittore, ma anche per futuri visitatori, un modo per rendere omaggio alla oramai vita che sta per svanire, un ricordare l'amore per una moglie che sta per lasciarlo. Altri i dipinti dell'autore rivolti a questo volto, in un continuo rinfrescare quella convivenza e lo stare insieme fino alla fine.

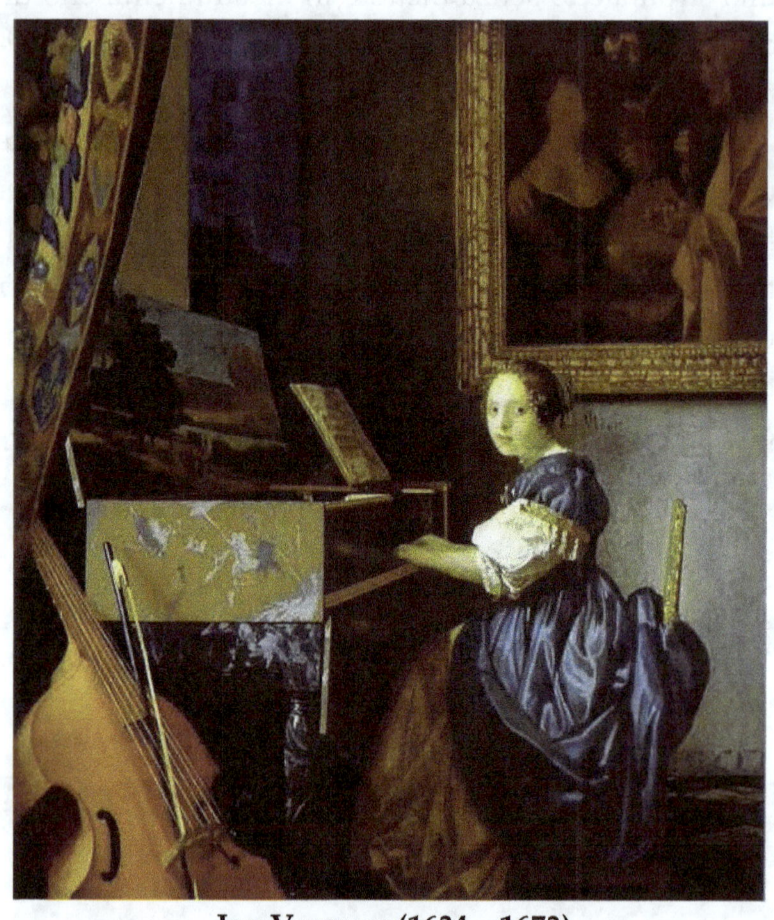

Jan Vermeer (1634 – 1673)

Un inevitabile quanto meno ritorno, possiamo averlo in quello che ci permette di verificare alcune delle differenze per quello che stiamo vedendo, ora è la figlia che prende il sopravvento in quel suo ritrarre un diverso voler bene.

In questa raffigurazione abbiamo un insieme di elementi riportati per sé stesso, come strumenti musicali e tele. Per quanto riguarda gli strumenti il finto piano forte, un'arte non utilizzata dal pittore, mette comunque in risalto la protagonista, per quanto concerne il secondo strumento, un non più utilizzo forse da anni, per via dell'archetto posto tra le corde, un ricordare il periodo di abbandono non solo da parte della moglie, un comunque ricordarla, una mancanza incolmabile.

Altri elementi sono: un dipinto sullo sfondo per quello che rimane un diverso pittore, mentre una tela non incorniciata sul finto piano forte, ritrae quello che è un paesaggio, la mancanza di cornice può voler indicare un non aver intenzione di vendere o una successiva cornice nera.

Una osservazione su alcuni dipinti di questo poeta, riguarda la firma o scritta posta sulle tele, in questi casi non messe in mostra, un I V Meer (o meglio I V Ernet) potrebbe rivelare come il pittore usava contare le sue tele; un primo di cinque, per poi ricominciare il conteggio in un possibile cambio periodo.

10

1800 – 1900 abbiamo un nuovo stile di pittura, dove vediamo affrontare la tela, da secoli non più solo parti di lenzuolo, in modo differente da uno spatolamento; si presume in questa evoluzione la ricerca di una più semplice e risolutiva soluzione in quel loro dipingere, poi portata fino ai giorni nostri.

Le sfumature non propriamente lisce, dà come utilizzo ancora una volta le mani come utensile, insieme al pennello, ridando spessore al dipinto.

Un'artista che possiamo ricordare in questo lasciare il segno nella storia, se vogliamo chiamarlo così, è Van Gogh (1853 – 1890)

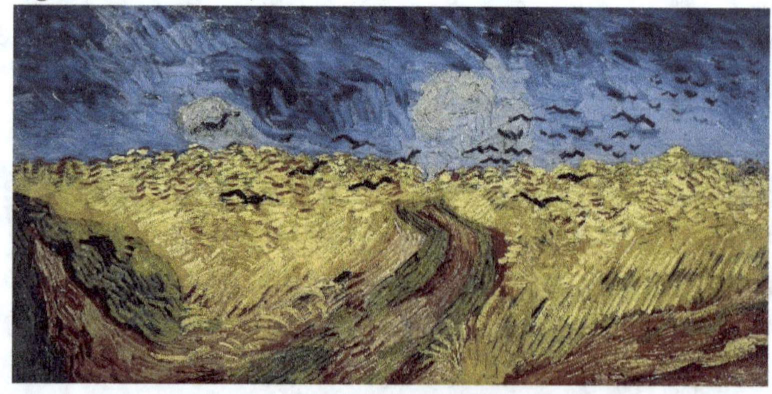

Vincent Van Gogh (1853 – 1890)

Un campo con una strada, un panorama ripreso e molto bene presente nelle sue memorie. Le linee non sono da confondere con alcuni altri dipinti della stessa legatura, nonostante in alcuni casi siano simili.

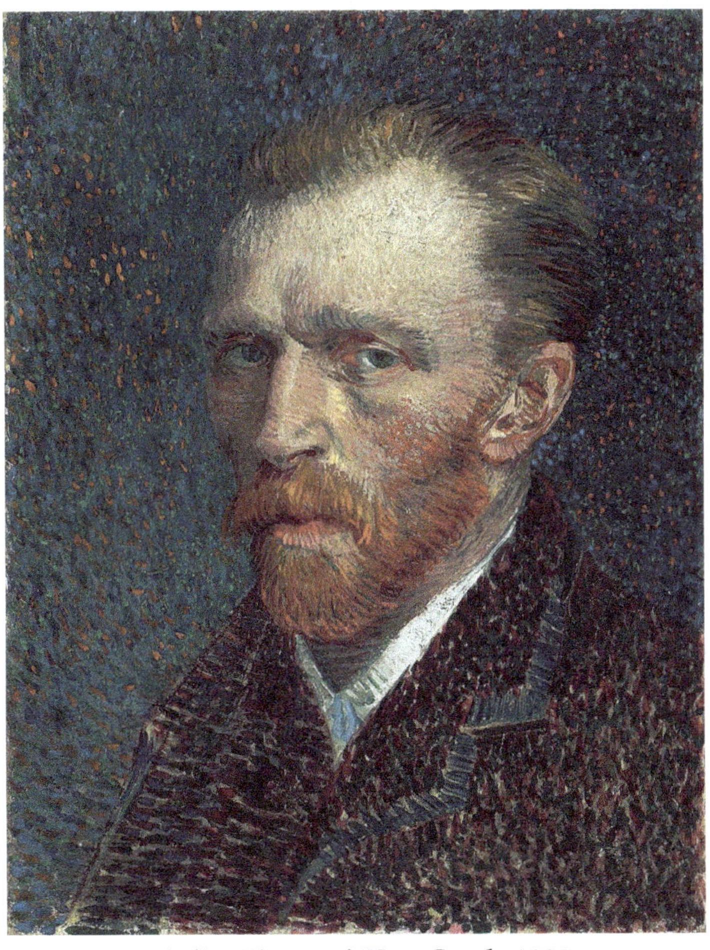

Famiglia Vincenti Van Gogh 1890 …

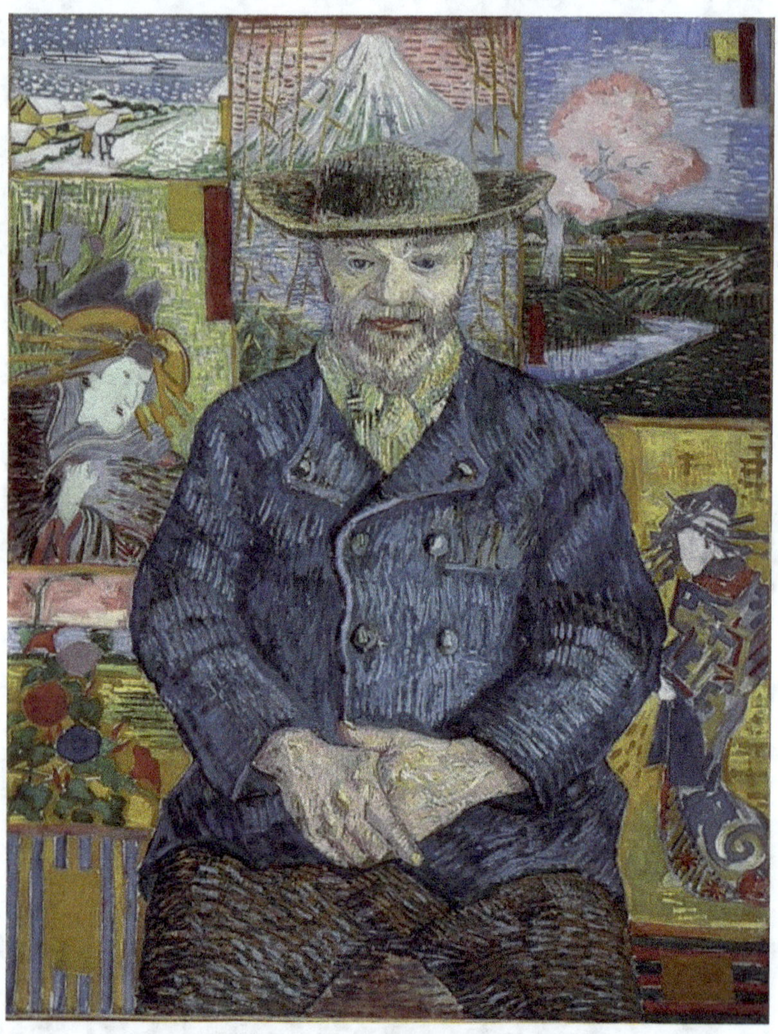

Famiglia di Vincent Van Gogh 1890 ...

Riprese del pittore, danno adito a quel guadagno che presto si fa sentire, delle linee non propriamente uguali a quelle tirate da colui che era, un ritratto dell'artista negli ultimi anni dato per suo in quel approfittare del nome noto. Un descritto da altri, dove una moglie affranta o una figlia ridanno vita all'artista, mettere sul mercato alcuni dipinti mai elaborati effettivamente dal pittore, un guadagno sicuro in quel tempo.

Una breve postilla che potrebbe accompagnare quel loro proseguo futura, almeno per alcuni per altri meno. Pittori non solo credenti, un non dipingersi per via di quello che sarebbe potuto succedere. Una scaramanzia se vogliamo dirla così, per un non farsi trovare in un riconoscimento dopo la dipartita.

11

La differenza sostanziale in una linea o più linee rimane un insieme di osservazioni, quali la lunghezza della tela e quanto materiale raccogliere dalla tavola, solitamente di legno dove era appostata la vernice.

Bravura dell'artista era il sapere individuare in tempo la fine della scorta per interrompersi e riprendere dopo aver ricaricato la spatola, senza dare l'impressione di una sbavatura trasparente.

La precisione perpendicolare dava l'impressione di tratto continuo, in alcuni casi il leggero dislivello tra le due linee veniva assorbito, se in tempo, dallo straccio posto sul braccio.

Altro particolare della spatola, come accennato è un leggero taglio o puntatura, che si poteva formare all'appoggio fino all'arrivo sulla tela del colore.

Come ultimo possiamo identificare l'arrivo del pennello, un insieme di peli di animale che uniti insieme davano un diverso approccio alla pittura, diverso l'attrezzo diverse le linee, anche in questo caso l'attenzione a non finire il colore raccolto o nel riuscire a identificare dove poter rendere la pittura più flebile era ed è basilare.

In entrambi i casi la grandezza della linea viene imposta dalla larghezza dell'attrezzo almeno nei primi anni, nonostante questo la forza impressa rimaneva sotto controllo per non avere allargamenti involontari, quindi il rimanere, per quello che era la tecnica iniziale, all'interno del livello massimo, permette un allungo maggiore della linea e una minore fuori uscita laterale della pittura o colore, una non sbavatura.

Per quanto riguarda il pennello a differenza della spatola è il poter decidere una densità diversa della pittura per via del suo assorbimento e rilascio.

Una sottolineatura particolare dopo l'avvento del pennello, come abbiamo visto in alcuni casi lasciato da parte per tornare alle origini, abbiamo un ritorno alla spatola e in quel lasciare scivolare il colore, tal volta utilizzati in contemporanea.

La modifica o intervento è la piegatura sui lati poco prima di arrivare alla vera e propria lamina, in un inevitabile diverso uso, un rilascio visivo piuttosto che un utilizzo inverso, dove la pittura veniva vista e non più nascosta, non più quindi un calcolo di angolature per non appoggiare l'intera lamina al dipinto, ma rilasci regolari e più sicuri.

In questo periodo dove la spatola viene ripresa, probabilmente in quella che possiamo definire rivisitazione di dipinti; "vista del pittore", l'intervento di modifica è ora una evoluzione, per alcuni più utile o comunque più utilizzata, è l'avvento della penna, lasciando da parte il calamaio e la piuma.

12

PROSPETTO DI DONNA

Prospetto di donna, una partenza non facile dove, si vuole identificare come nella cultura del tempo, questa non veniva vista come artista o messa in possibilità di dipingere e di vendere le proprie opere.

In una fattibile riesumazione come in altri dipinti, potremmo comunque ad oggi ridefinire alcune delle convinzioni, trovando un tentativo di reazione a quella società chiusa e poco propensa al cambiamento dove l'ARTE è solo per uomini.

La donna ora pittrice si raffigura davanti al treppiede con in mano una tavolozza e/o un pennello, dove fa riferimento in modo diverso a quel dare e darsi pubblicità. Un esempio è dato da quadri nel quadro dove la cornice oro liscia senza troppi pizzi, anzi quasi nulli, viene utilizzata come distacco da sé stessa, per non essere identificata in lavori precedenti, in caso di una scoperta esterna a quel laboratorio utilizzato. Il nome dettato dalle esigenze in questi dipinti è necessariamente quello del marito o del padre per avere la possibilità di guadagno.

I dipinti non sicuramente i primi né gli ultimi danno una idea di quel rilascio.

Uno tra questi è:

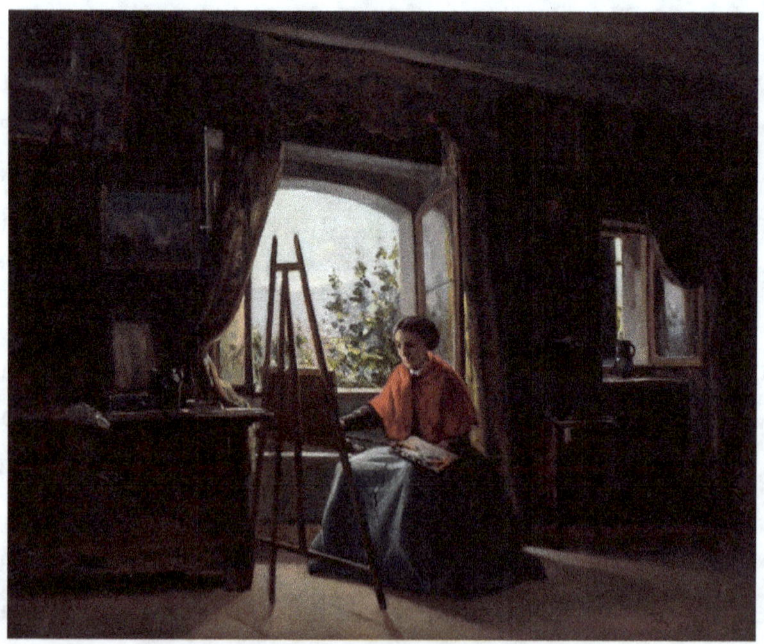

Ferdinando Buonamici 1820-1892

La donna che dipinge, l'autore non mostrando il dipinto riesce comunque a dare omaggio alla *donna artista*, che dava vita a futuri ritratti o paesaggi; non il solo a riprendere quella che potrebbe essere vista per altri una fidanzata e/o moglie, ma *una figlia* che accompagna o viene *accompagnata* in quello che è il suo percorso.

In quello che fa da sfondo, troviamo in cornici annesse, quelle che abbiamo visto essere rappresentazioni di altri, in questo caso della figlia stessa; tra queste possiamo osservare un'opera, un probabile ritratto del padre, non incorniciato e sicuramente non venduto, possibile prova per un futuro dipinto.

Altro è:

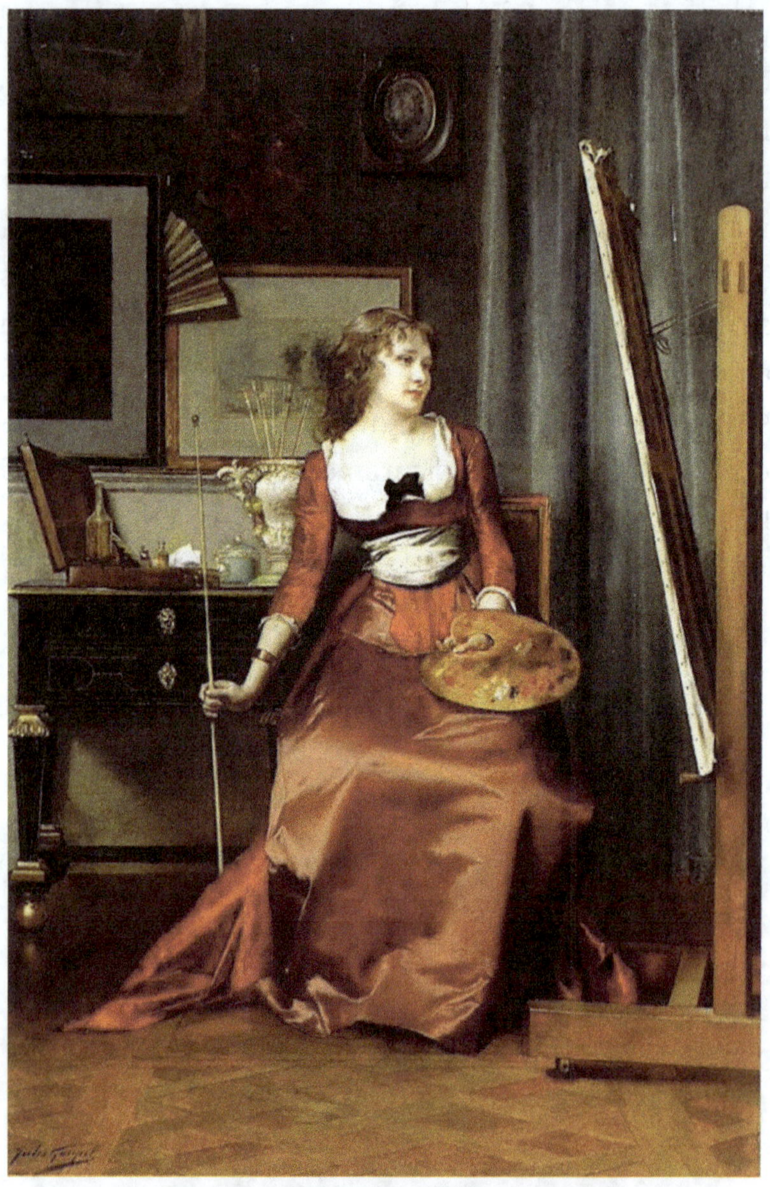

Jules Adolphe Goupil (1839 – 1883)

Pittrice in quel suo vedersi alle prese con la tela, un insieme di opere probabilmente sue, appese alle spalle per via delle cornici sottili, modifiche in quelle interpretazioni, come il foglio accartocciato dietro uno di essi, segno probabile di una non appartenenza, un aiuto dato dal padre o marito in quell'approcciarsi all'arte.

L'asta lunga non è un non sapere ma un appoggio alla spalla fino ad arrivare alla tela mantenendo in alcuni casi una line dritta o un non scivolare verso punti della tela disegnati per altre particolarità.

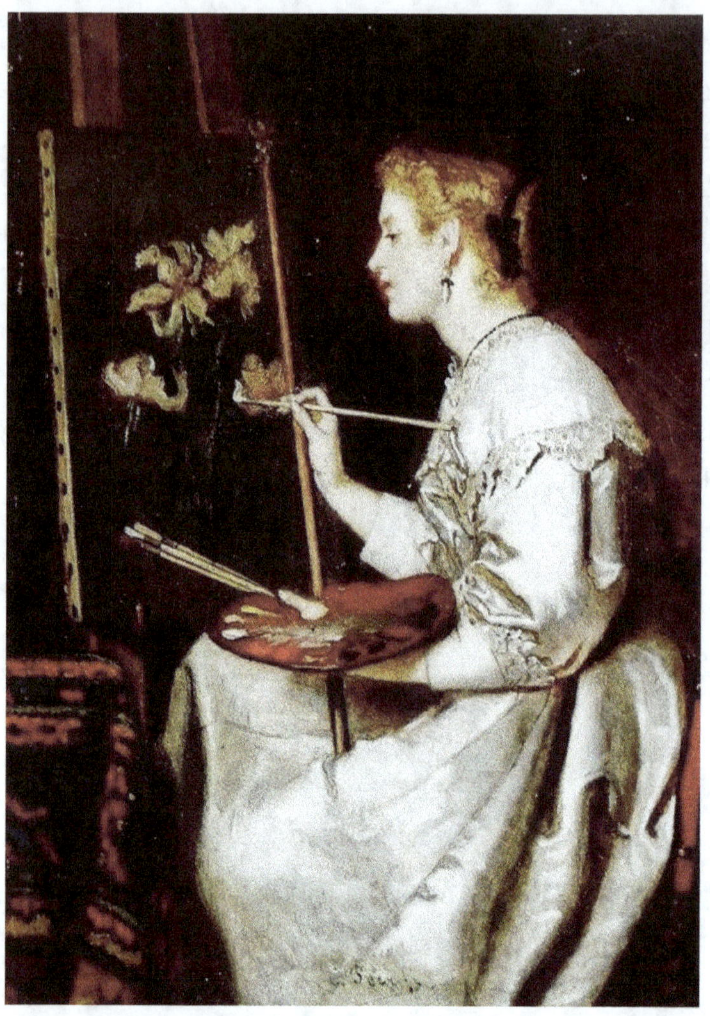

Charles Francois Pecrus (1826 – 1907)

La donna sta dipingendo quello che a sua volta diventerà una tela da vendere, o venduta. Un suo intervento
dava rilancio almeno in quegli anni a un uomo lasciato
da parte non contrario ad un possibile ulteriore guadagno.

Nel proseguire vediamo come l'artista unica donna in piedi, si ritrae con alcune figure femminili che l'accompagnano per avere una parvenza di finto ritrovo, per non essere scoperta come autrice, il suo stato viene definito con la tavolozza in mano e appoggiata alla tela

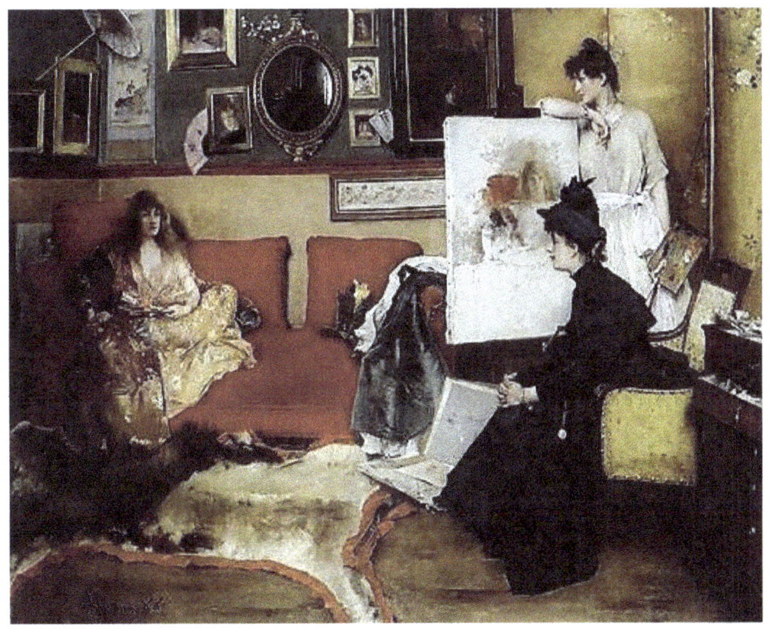

Alfred Stevens (1824 – 1910)

Un insieme di elementi riportati sullo sfondo, un decesso certo per via della rotondità a specchio di un ritratto di donna, alcune cornici nere spesse, suoi dipinti, il venduto con foglio liscio appostato appena dietro per un ritiro (probabilmente il nome del mandante).

Ritratti in cornici diverse vanno ad elaborare quelle che sono figure famigliari o dipinti su richiesta.

Con questa ripresa possiamo andare a vedere la netta differenza che permette l'identificazione possibile di quelle donne pittrici o artiste di arte varie, da colei che non sente l'arte in sé, ma utilizzata in quel suo vivere.

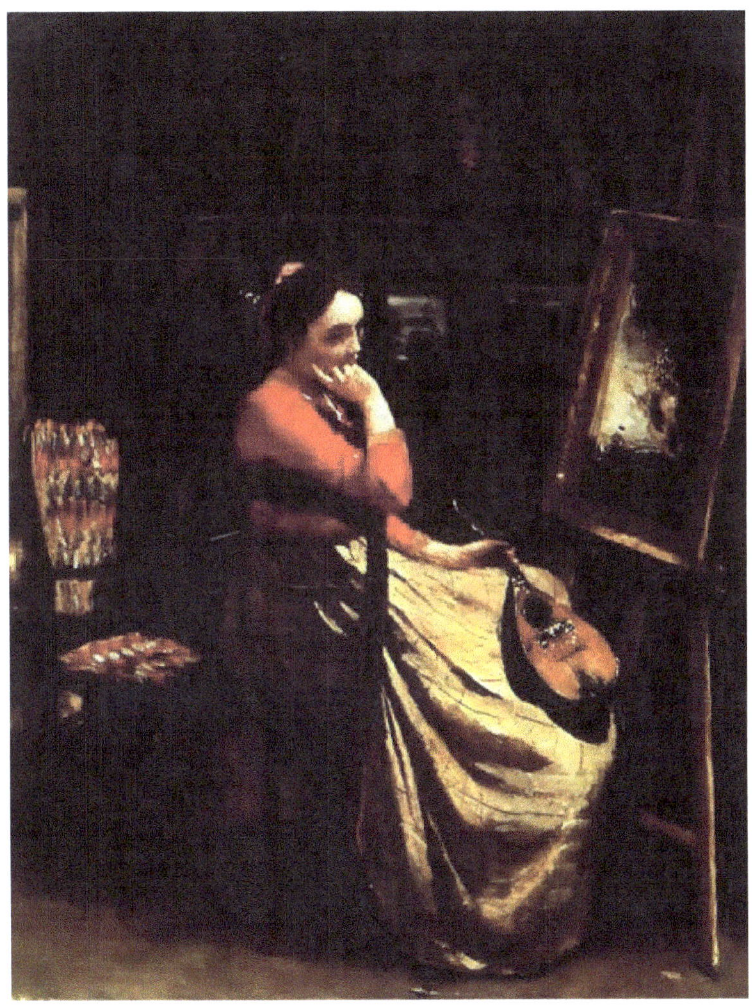

Jean Baptiste Camille Carot (1796 – 1875)

In questo dipinto la donna probabilmente la moglie viene messa davanti ad una tela con in mano uno strumento musicale, a differenza di una lettura di spartito o un suonare lo strumento, insieme ad un essere in piedi in movenze immaginate con il pennello come in precedenza, notare come sia immobile ad aspettare facendo così la parte della valletta o presentatrice di quella presentazione di lavori artistici dell'uomo come MUSICA e PITTURA.

In una rivisitazione del viso, ecco apparire la tristezza, forse in futuro una probabile notizia non gradita farà il suo ingresso, una ripresa dell'artista.

13

Siamo in un periodo di passaggio, probabilmente uno dei tanti mai segnalato o preso in considerazione, come si è detto, dipinti ora importati venivano redatti da altrettanti artisti, una questione non proprio a sfavore per una inevitabile fuori uscita di arte.

Una storia che prosegue, ricordando la mentalità del tempo che racchiude non solo parte di luoghi, ma l'intero mondo artistico e non solo.

Un poter vedere dipinti sacri fuori da luoghi predefiniti, almeno è quello che si pensa una prima rivendita di quelle tele, per riuscire ad evadere da un monastero che lo vede come il primo ad avere mancanze, ora vendute al migliore offerente, un prete o presunto tale, non propriamente a suo agio in quella divisa, secoli sono passati da quella illegalità del tempo, giunta a favore in un futuro ora dimenticato (1840 Pio IX un libero mercato). Stiamo dando vita a riproduzioni di quelle opere murarie divenute famose, più o meno grandi ma sempre riconducibili a pittori di fama.

1900, il pennello ora fa da padrone, a dispetto di

quello che si può pensare l'artista in questo periodo affronta un tema noto, il paesaggio e la vita quotidiana, lasciando da parte dipinti rappresentanti santi ed eroi.

Un apprendere direttamente, in primo uso, senza passare da spazzole più o meno spesse, sempre ricordando, in modo adeguato, che mani e dita sono sempre presenti in alcuni di quei ritocchi andando ad essere tal volta sormontati da inevitabili pennellate, ove necessario.

14

PER ALTRI SUCCESSIVI O PRECEDENTI ...
le pene

Per un procedere, segnalare come per alcuni artisti la vita quotidiana non è sempre stata famiglia e incontri, un inevitabile riguardo è mosso verso quella che rimane arte contemporanea del tempo, un raffigurare punizioni in quelle opere.

Diversi i procedimenti per arrivare a confrontarsi con la legge, punizioni inevitabile quando presi, con una più o meno accusa. Reati puniti con il taglio delle mani , non un'invenzione, ma la storia ci insegna possibile, passando per pene corporali, l'induzione alla sofferenza, per un tempo più o meno limitato, arrivando in fine alla pena più grave, la morte.

Un prima, con battaglie rappresentate da un manipolo di uomini, passate in alcuni casi ad arroganti insiemi di gente non di legge, ma presi a riferimento per protezione e non solo.

Quindi non più un vedere santi, ma catture.

In quel dipingere, alcune differenze che possiamo al giorno d'oggi redarguire, un immettere alcuni particolari per sentito dire, potrebbe aver sviato quello che il dipinto o l'autore stesso originariamente vuole far capire o raffigurare, "una attenzione a non commettere reato".

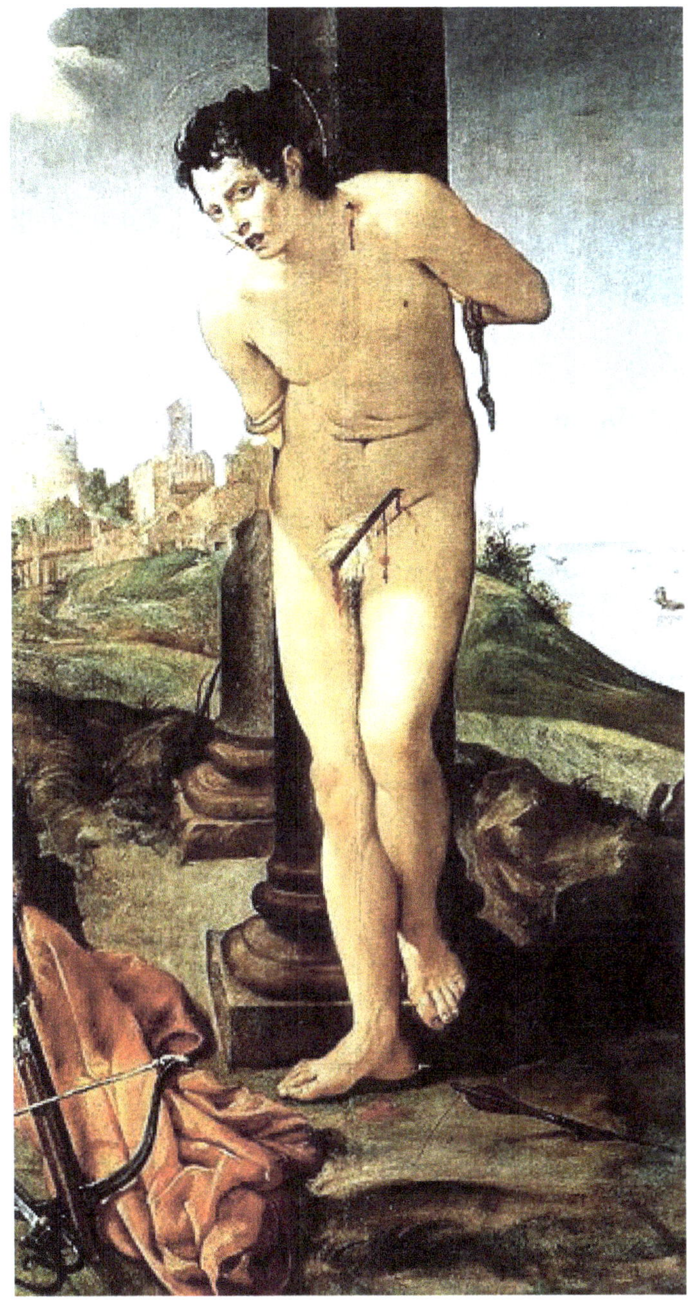

Un inevitabile fine, non una morte ma una punizione.

La possibilità di non essere definito santo risiede in quello che rimane lo sfondo, in questo caso, la nudità nell'essere crea l'umiliazione verso l'uomo, le armi e le vesti poste a terra lo inquadrano per quello che faceva e per quello che è stato arrestato.

In questo caso non si può parlare di luogo sacro, visto all'epoca come una non possibilità a procedere nel dipinto, sarebbe stato un vero e proprio dispetto verso la chiesa, una mancanza che sarebbe stata punita a sua volta, probabilmente con la morte o l'allontanamento.

Ricordando con questo il periodo Galileo (1564 – 1642)

Questo periodo non solo per quest'ultimo personaggio, un difficile approccio per quella credenza radicata in un uomo che nel suo sapere o non sapere, non permette affronti, un discorso ripreso per precedenti che affronta luoghi e non solo.

15

SFACCETTATURE PER QUELLA VITA NON PERSA NEL TEMPO

Altro il ruolo della donna in questi ritratti, facendo attenzione al fondamentale del bambino, una visione forse non del tutto del tempo, in quell'esserino che veniva visto dagli artisti come progenie quindi da difendere, un inevitabile rilassamento per chi fosse entrato in quella casa senza presumere niente di anomalo.

Ritratti senza sfondo ma per indicare in taluni casi cosa si nascondeva dietro quel dipinto

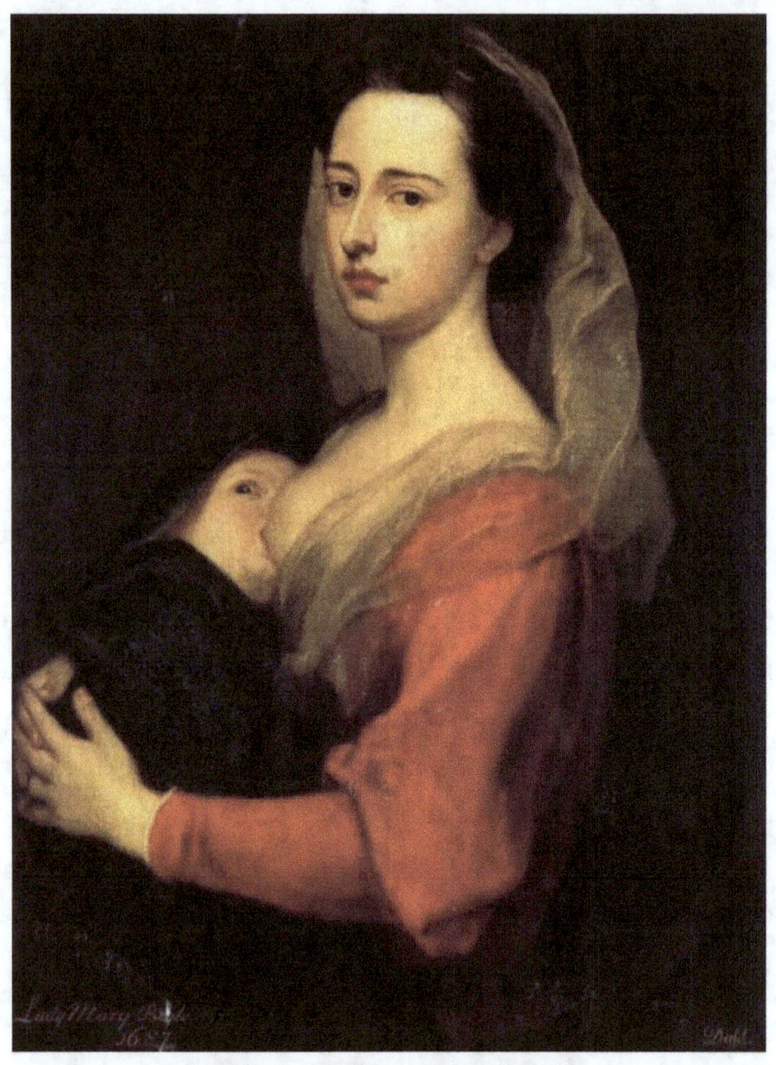

Godfrey Kneller (1646 – 1723)

In questo caso il pittore o artista riprende la donna oramai morta, un far capire grazie ad un primo particolare, il velo in trasparenza sulla testa.

Altro elemento utilizzato in quel tempo per il medesimo motivo è l'insieme ad una ripresa di quella che è una cornice tonda, un forse dato dal credere di aver trovato una scappatoia per non farsi più rivedere.

Nessun altro sfondo viene elargito per quello che si andrà a capire in quell'essere immortalata, un tenere il bambino in braccio in quella singolarità vuota, un mestiere non dato per colpevole fino al 1900 circa.

Per un capire meglio, la consapevolezza della donna in quel utilizzare il proprio corpo per fare denaro.

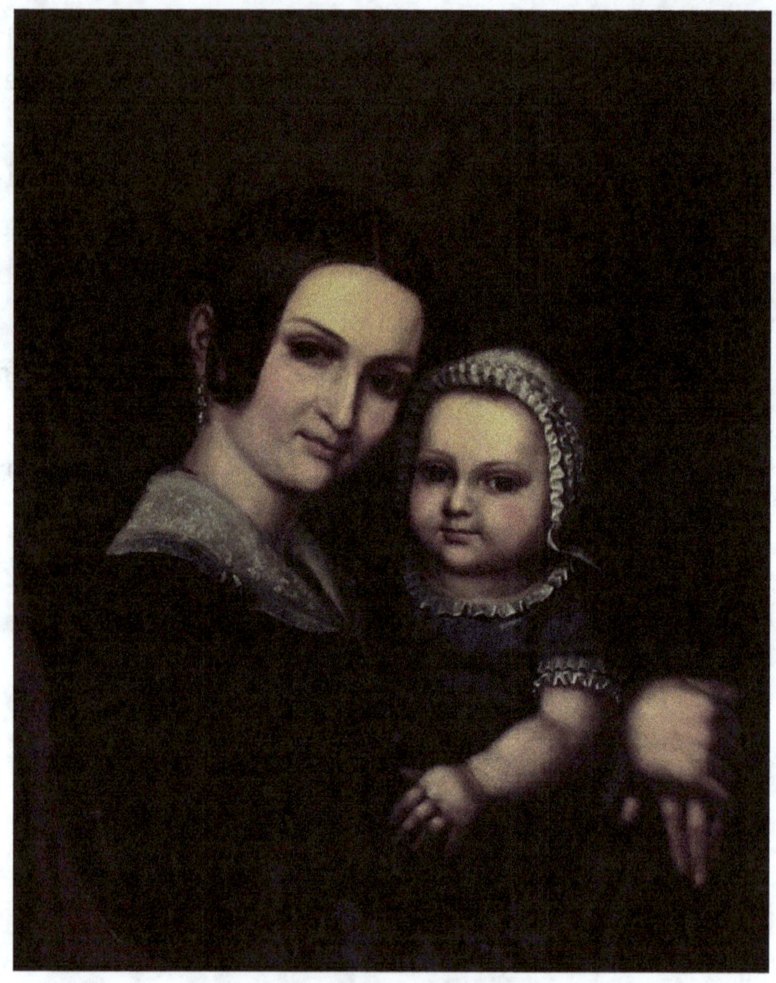

(Anonimo) 1900 circa

Nessuno sfondo, e nessun altro elemento che metta in risalto particolari; anche in questo dipinto, un uguale significato, nonostante il bambino venga tenuto in braccio e non al seno.

16

PER UN CONTINUO...

Una chiesa che rimane ripresa, una segnalazione particolare a quei dipinti in vestito talare, dove uomini "non
di chiesa" venivano ripresi in quelle arti di protezione
in paesi o zone non bene definite. Prima tra tutte la
visione di allontanamento, da quella fede in continua
espansione, nonostante venga sempre presa a riferimento nell'arte.

L'uomo di chiesa riconosciuto come tale, è ripreso
come persona non guerriere almeno non dopo il 900
d.c.; da questo periodo il Papa come persone vicine a lui,
o effettivamente riconosciute, erano a dispetto dell'età,
senza barba, un viso pulito dava più freschezza nel protagonista e/o nel dipinto, come per esempio consoli o
imperatori.

Un utilizzo della fede lo possiamo ritrovare anche nei

racconti, dove persone non proprio lige o abbiette facevano di questa un rifugio.

Barba:

Un primo risconto sulla lunghezza, su quel viso più o meno coperto, una persona del popolo e/o per coloro che davano battaglia.

Un secondo pensiero, a quello spuntare, può essere anche visto come un reinserimento, da una prima vita non propriamente uguale o simile.

Una tiara indossata per l'occasione in un ambiente all'aperto, voleva dare risalto al personaggio, ma per la chiesa? un indumento unico, un supporre come per altre cose, visto solamente in ambito strettamente professionale, non all'esterno, probabilmente una regola.

Tiepolo 1696 – 1770 un insieme di opere, inneschi verso quelli che rimangono sempre presenti confini, insieme alla realizzazione del quotidiano, in questo artista ritroviamo molti degli aspetti descritti, dal putto dipinto con le ali a sormontare una nascita, alla realizzazione di aspetti definiti incontri di chiesa, fino all'inserimento di personaggi simili ma non propriamente tali.

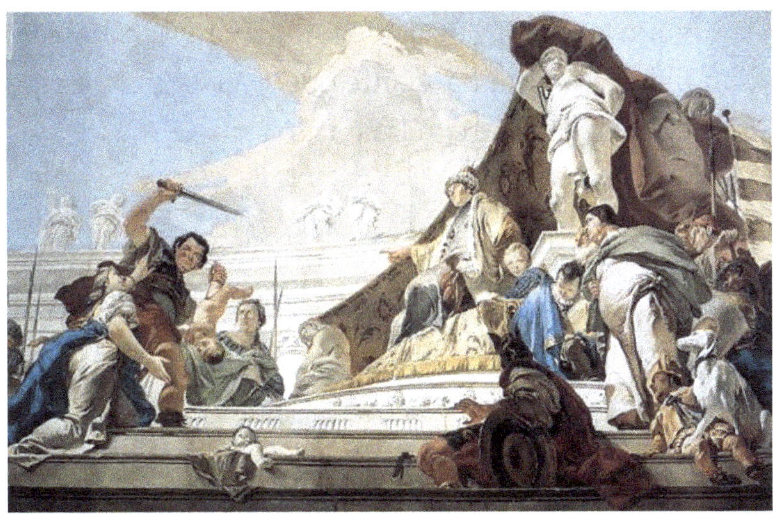

Giovanni Tiepolo (1696 – 1770)

Un dipinto, dove possiamo trovare un inevitabile riscontro, gradini che elevano la persona in attesa di parcella, insieme a quello che potremmo definire guardia del corpo.

Il resto delle persone chiede o da compenso per la protezione, molto in uso a quei tempi.

Non propriamente ripresi in questo dipinto e non solo per quanto riguarda necessariamente il Tiepolo, possiamo avere altri diversi riscontri, come la sistemazione dall'uomo povero senza vestito, all'uomo con più averi, più vestiti, senza sandali o con indosso questi ultimi, riempiono la tela di verità della situazione. Un ambiente quindi aperto, un andare oltre quel paesaggio che ritrae un probabile confine con l'esterno o altra zona.

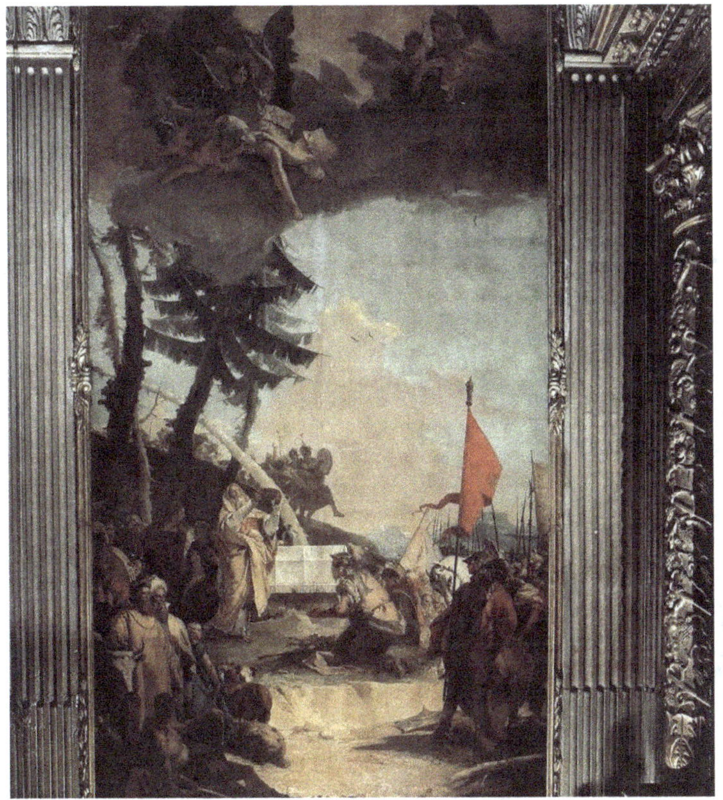

Giovanni Tiepolo (1696 – 1770)

In questo caso i gradini sono sostituiti da un dislivello, l'immagine della persona con barba non propriamente sobria in quel suo elargire aiuto con un inevitabile gesto, rimane dispettata per via di persone sdraiate a terra e svogliate in quel loro rimanere ritratti per la situazione.

Tra questi elementi, troviamo soldati che passano con la testa girata, un semplice controllare, non un indispettirsi per via della normalità del tempo.

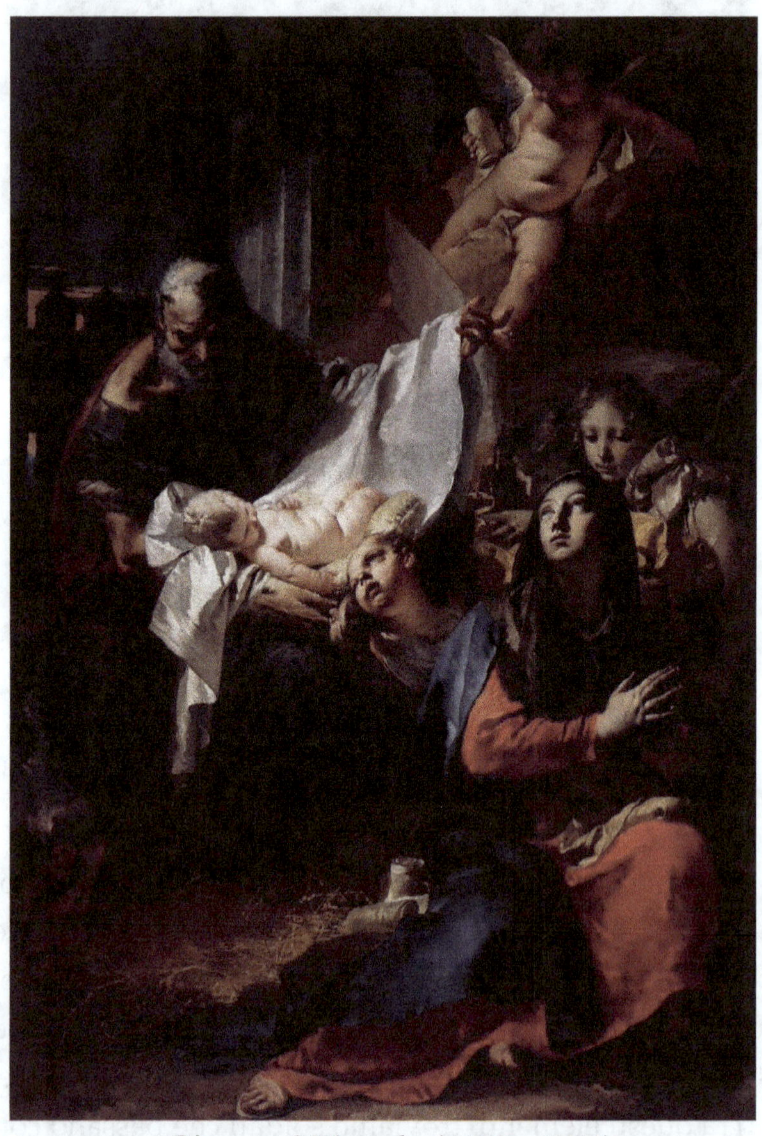

Giovanni Tiepolo (1696 – 1770)

Una famiglia, la nascita veniva vista come un proseguo di quello che era il proprio essere, il bambino in braccio forse un tempo piangente in quel suo venire al mondo, un pregare da parte della madre innesca il problema principale, un non essere sicura che rimanga in vita, non appena le lacrime finiscono o poco prima; nell'insieme gesti normali.

I particolari certo non mancano, per fa capire la gravità della situazione:

Il bambino sembra essere immobile in quel tenere le braccia uno a riposo l'altro disteso, un non allungarle verso le persone che lo ameranno.

Il braccio del padre solleva il lembo dai piedi, un telo abbastanza lungo da poterlo avvolgere tutto e coprirlo poco prima dell'inevitabile sepoltura, se questa avverrà.

Un ultimo elemento non da sottovalutare e come detto, riscontrato, in altri artisti e nei loro dipinti, *"il cherubino"*, un angelo bambino; in questo caso posto al di sopra della situazione, per altri potrebbe essere rivisto in diverse posizioni, come per esempio in basso singolo o doppio o in angoli del dipinto; una soluzione questa per identificare la morte di un infante o comunque un trapasso prematuro.

Il luogo non bene identificato potrebbe essere la casa dell'avvenuto decesso, e/o più probabilmente l'abitazione dell'intera famiglia, per via delle assi poste alle spalle dell'uomo e del tendaggio appena al suo fianco.

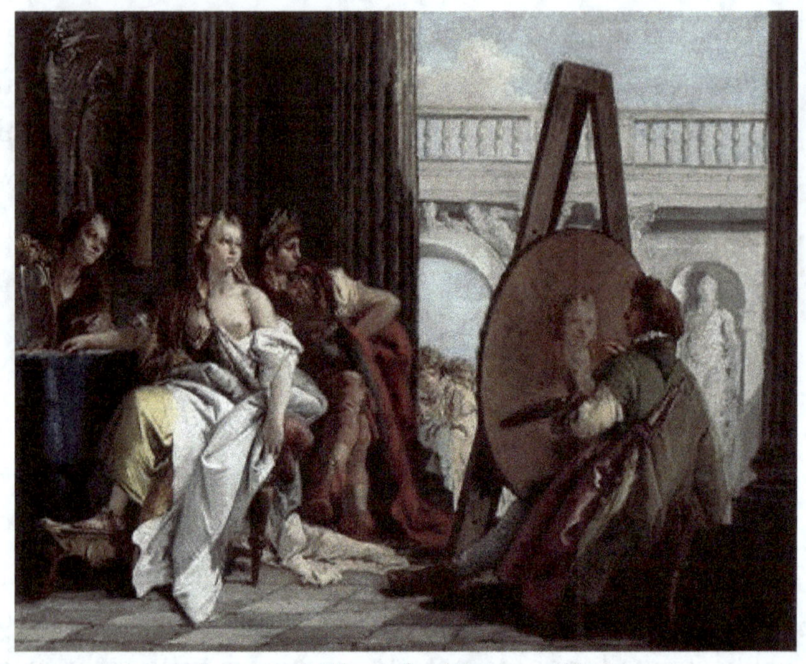

Giovanni Tiepolo (1696 – 1770)

Un dipinto che riprende particolari da non dare per scontato, un innesco in quello che per l'autore rimane un ritratto di donna, non morente ma trapassata.

L'artista posto difronte, sembra conoscere la protagonista e i fatti, in quel suo revisionare gli ultimi attimi nel suo aspetto, la semi nudità in questo caso può voler dire morte violenta, per aggressione, avvenuto da parte di un potente, rivisto alle sue spalle, un azzardo per quel tempo, una denuncia verso quell'aggressione, in un dopo averlo saputo, che vede un uomo innamorato perdere la sua dama.

17

Pittura: una evoluzione da sottolineare nel colore è l'utilizzo di piante come risaputo, lavorate e mescolate tra loro, negli anni un altro materiale viene utilizzato per un impasto più duraturo nel tempo, dalla terra con acqua utilizzata come infarinatura, alla polvere di metallo nelle pietre e sgretolate.

Una simile identificazione possiamo trovarla nelle pietre utilizzate in semplici accerini, o in pietre laviche, sostituita in tempi moderni da una nuova lavorazione, innesti chimici, per avere una giusta consistenza.

Le linee in quel loro rimettersi in gioco con nuovi strumenti, come accennato il pennello utilizzato per lo più per paesaggi che tal volta sembrano essere sfuocati, fino ad un imparare quella linea sottile forse più semplice da tirare, che non, utilizzando uno strumento comunque piatto.

Radici o petali per i colori

Terra o pietre per un impasto più duraturo

Oli per avere colori più accesi

Acqua per un rimescolamento

Anni ad imparare, per non far colare il tutto in quel

nuovo rimettersi in gioco.

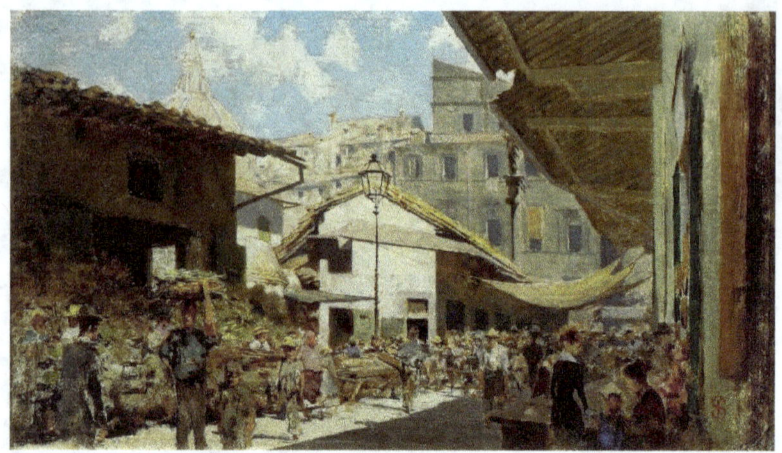

Telemaco Signorini (1836 – 1901)

Un dipinto dove nuove tecniche apprese hanno preso piede, un non solamente rimettersi in quei visi scolpiti, ma un riprendere persone non riconoscibili, in quella vita di tutti i giorni, un mettere in risalto il panorama, raffigurando il paese, come era a quei tempi, un uso non nuovo, ma rende l'idea di dove l'arte si stia spostando.

18

LA MORTE

Un evento visto non solo per scaramanzia,
un inevitabile, tal volta visto come un nuovo inizio.

Quello che possiamo vedere in alcune rappresentazioni nonostante sembra essere nefasta, non è niente altro che un prevedere o un avvenuto, la morte giovane, dipinta per coloro che lo conoscevano, questa viene ripresa da figure angeliche definite cherubini, come negli altri casi la differenza santo e profano è data dallo sfondo o contorno che circonda le figure.

Un paesaggio assente, un arrivo per quello che sarà,

un farsi ritrarre per riconoscersi e farsi riconoscere per come erano prima dell'inevitabile, un'età che non conta ma solo un anticipare i tempi, in alcuni casi riducendo di gran lunga l'effetto dell'invecchiamento; insieme ad indumenti di più o meno conto per stabilire un proprio ceto sociale in quel momento.

Il dipinto veniva contornato da una cornice rettangolare, solamente successivamente i pittori per un rimando, davano ritocchi tondeggianti per indicare l'effettivo decesso.

La presenza di particolari annessi a luoghi immaginati o dove si era, davano il protagonista ancora in vita.

L'inevitabile evento della morte, era segnalato non solo dall'assenza di un contorno ma da un fine velo sulla testa, in un periodo successivo alle prime rappresentazioni troviamo anche un nuovo elemento come nella donna con l'ermellino, uguale il significato, in questo caso per la protagonista, il pittore per ricordo di quello che era, non vuole risaltare la sua morte, riconducendo quest'ultima ad un normale quanto più sobrio laccetto posto attorno alla testa della donna, un elevare quello che poteva essere la sua persona non come ceto sociale, ma come amata.

Una collana, in quel parziale di stretta al collo, un inevitabile riferimento a quella relazione che a parere del pittore, rimane non voluta, perché sente il suo amore non verso l'uomo a lei prescritto ama verso di lui o altro.

L'ermellino invece, da quel tocco ricercato per identificare la nobile signora, un animale che ancora oggi rivela un innesco ad abiti rinomati.

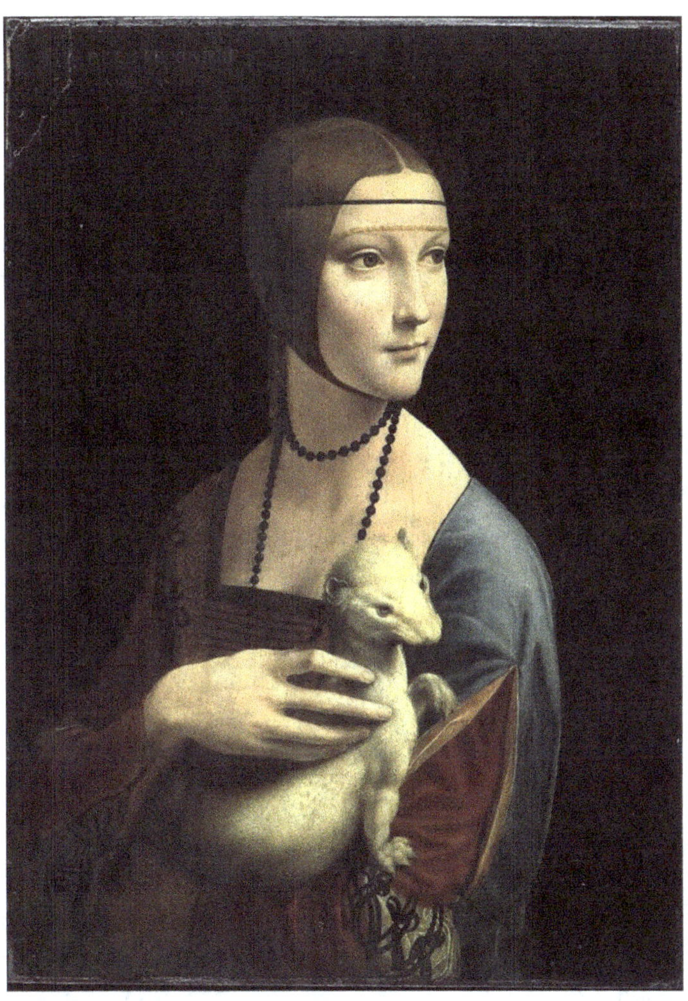

Leonardo da vinci (1452 – 1525)
Dama con l'ermellino

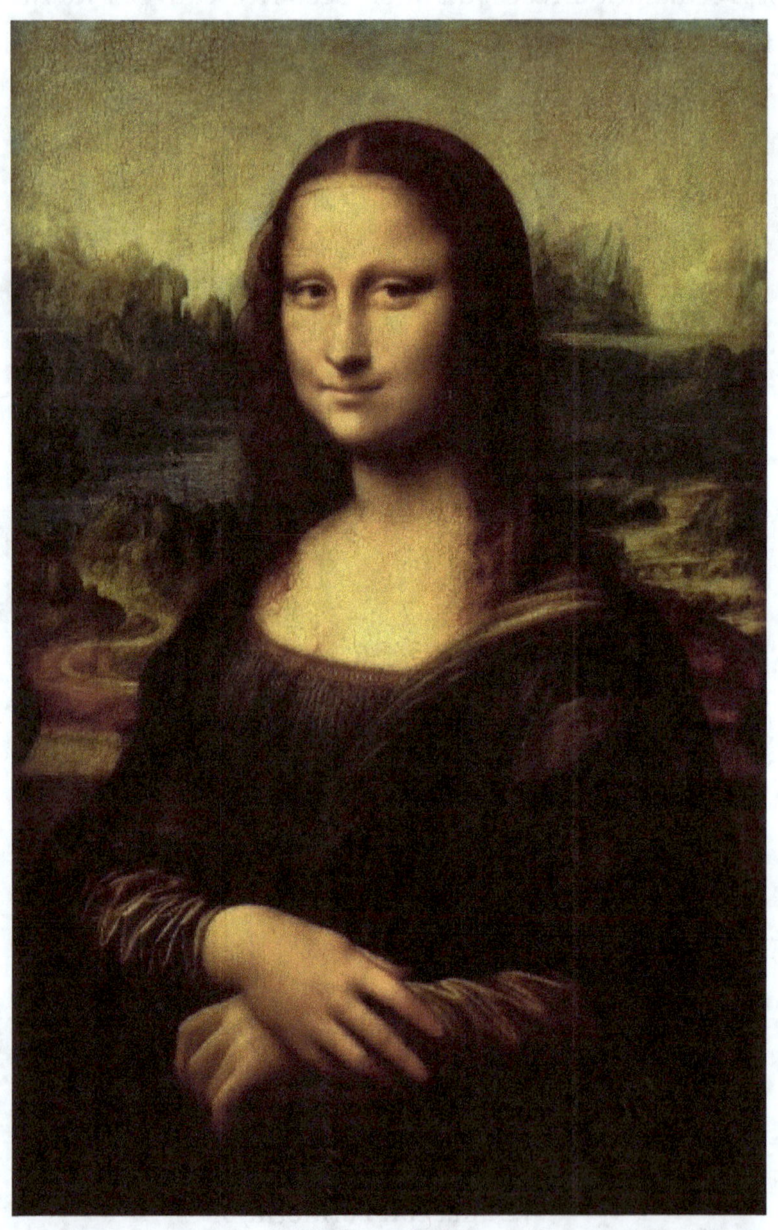

Leonardo?:

Una donna mossa in ritratto, un velo sottile che la raffigura in quella che potrebbe essere la sua fine, non ancora avvenuto che, il pittore non vuole lasciare andare, per famigliarità o simpatia in quel suo essere la sua musa.

Il pittore decide così, senza tralasciare il particolare della morte di alimentare il suo ricordo in vita, rimettendo in uso un paesaggio, dandole così risalto.

La gioconda 1742
Anna Maria Luisa De Medici
Ultima della dinastia, a quanto si dice dei De Medici

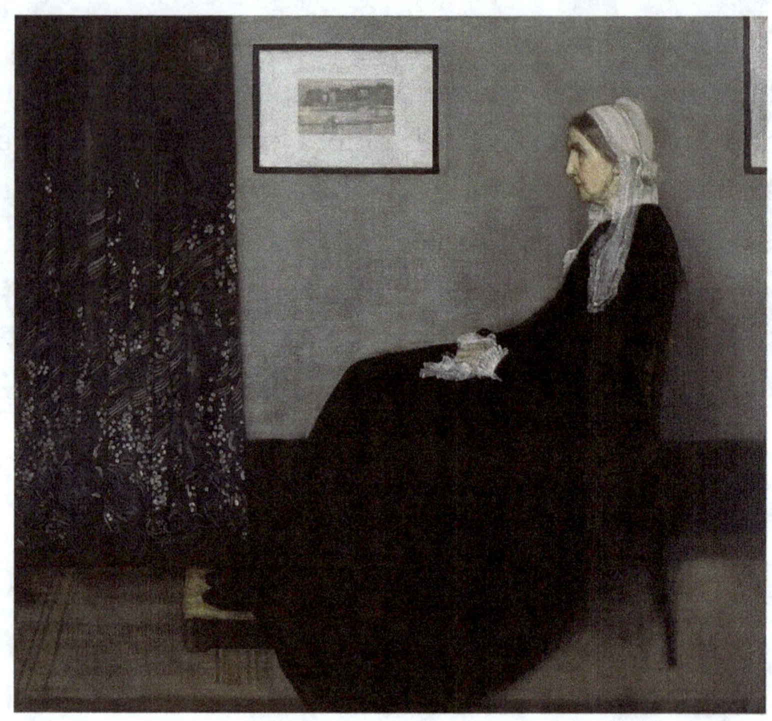

James Abbott Mcneil (1839 – 1903)

Un'anziana signora in attesa, il resto non conta quando nel lutto di una persona cara, probabilmente il marito, si attende il proprio inevitabile, giunto senza che questa ne abbia memoria, un ritorno temporale per un mantenere se non disturbata sempre la stessa posizione di attesa.

Il pittore, non solo in questo dipinto come si andrà a vedere negli anni, da risalto a quella forma non propriamente vista, un rialzo dei piedi in questi dipinti è un inevitabile riscontro per quello che riguarda una donna fantasma.

Cornice del quadro NERA e sottile, un invenduto per un tempo ancora da stimare.

Altro presupposto visto il bianco che contorna l'intera immagine, un dare sfogo ad un effetto pubblicitario in un altro dipinto.

Una seconda interpretazione potrebbe andare verso lo spazio tra cornice e disegno, risaltando uno schizo, in quello che rimane, ma comunque pubblicità.

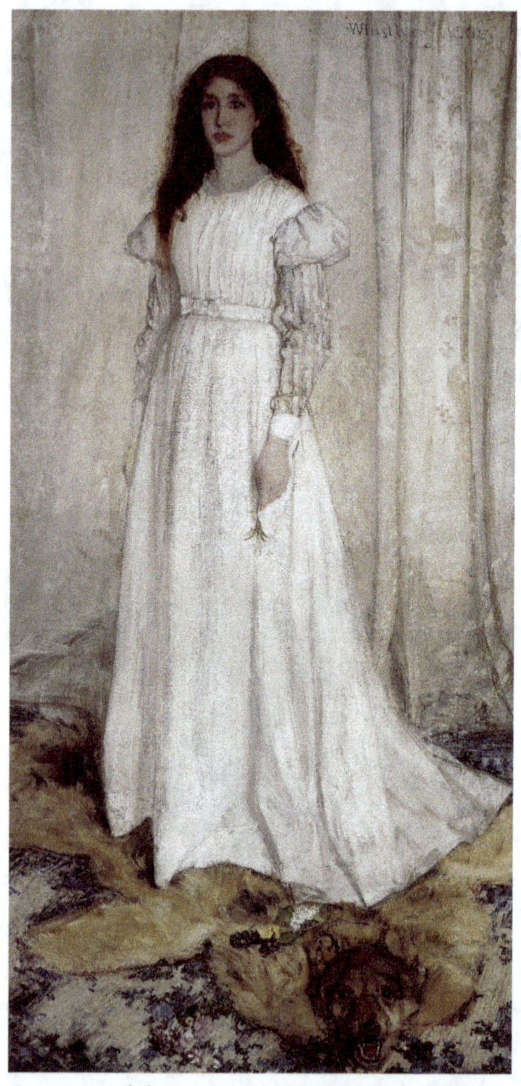

James Abbott Mcneil (1839 – 1903)

Un coprire i piedi lasciando le vesti lunghe, un inevitabile pensiero per quella che era la realtà, dove le vesti non toccavano terra in quel loro vedo non devo di piedi o scarpe, anche in questo caso sembra voler far sapere, insieme alla pelle di lupo, il non permettersi di toccare il suolo, un sollevamento da terra, un indizio della donna ripresa.

Come proseguo in quella che rappresenta una realtà di paura, in risalto il pallore celato in viso, ma non nascosto sulle mani e sul collo.

Altro indizio il gambo smunto tenuto stretto, mentre il fiore a terra non cela quello che si vorrebbe nascondere, un evidente stato di morte.

Non unico artista per una veggenza tal volta non riconosciuta e/o non detta, non molti coloro che ne fanno uso, per un innescare questa nuova figura, senza sembrare né apparire.

In quegli anni troviamo anche Carl Vilhelm 1863 – 1935, altro artista che mette in gioco un insieme di luci e ombre, in questo caso il pittore non usa mezzi termini per dare al sollevamento di quelle figure forse inconsapevoli in quel diventare protagoniste

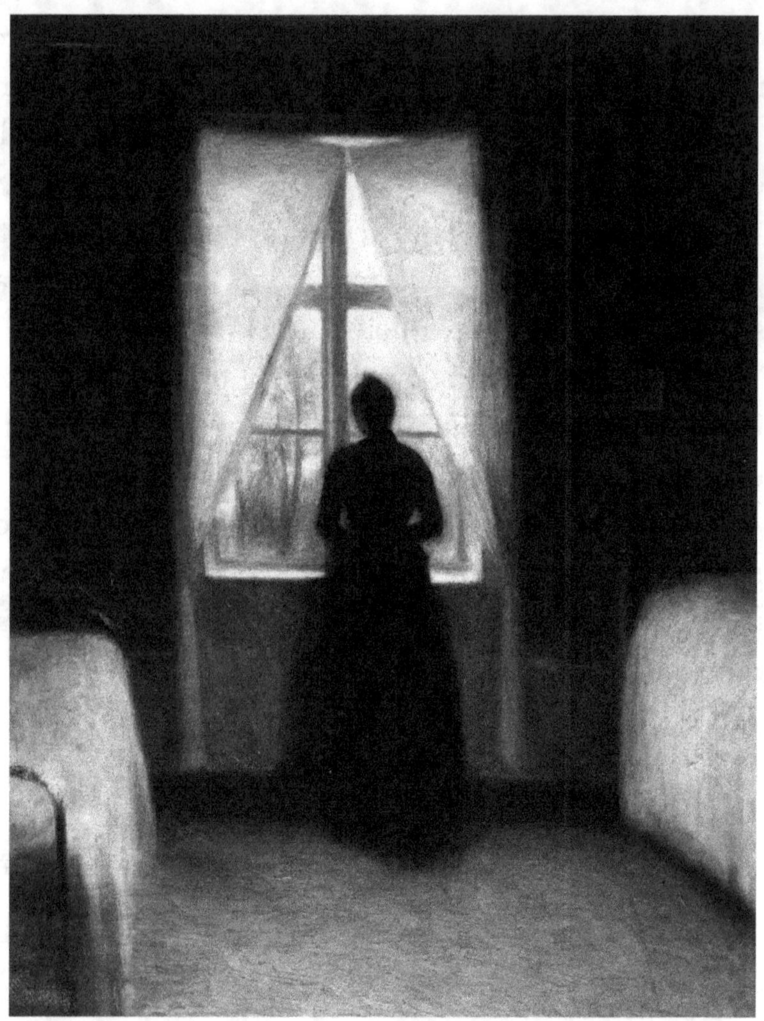

Carl Vilhelm 1863 – 1935. (1825 – 1893)

Un dipingere quello che vede, figure non a terrà, un non riprendere l'appoggio di piedi in un inevitabile presenza, un'ombra non del tutto ligia a quelle solite date dal sole.

19

SCULTURE

Un breve riassumere di alcune sfaccettature e di quelli che erano non solo pittori. Uomini e donne che trovavano nell'arte un guadagno, per alcuni un tirare avanti per altri un vero e proprio farsi riconoscere, per un accrescere il loro patrimonio. Un contemporaneo non approvato da tutti.

In un'arte che permette errori, un far passare onestà con un presupposto di bugiardaggine. Un risentimento da parte del pittore, in taluni casi, per non rimanere ligio a quelle linee o panorami richiesti, che andiamo ora a rimirare. Sorrisi che sfociano ora in quel VERO, un saper divulgare che tipo di persona fosse colui che andiamo a chiamare protagonista.

La bizzarria, non sempre riuscita e in alcuni casi rivelata, se beccati voleva poter dire non solo smettere di dipingere o un essere cacciati dalle proprie case, ma anche morte.

In un tempo non facile per alcuni, un essere partiti dalla povertà per rimanerci o riuscire in una prosperità, questi artisti riuscivano comunque non solo a pubblicizzare sé stessi o altri, ma a parlare tra loro per darsi indizi sulla persona che andavano a dipingere o a fare una scultura che li contattava.

Un non proprio inizio per quella che definiamo arte.

Sculture di terra o legno ricoperto, un possibile assemblaggio in ceramica, un pieno per quanto riguarda il materiale identificato da noi oggi come marmo e non solo, un continuo progredire anche in questa arte più costosa, dove i tempi lunghi non davano certo scampo ad una età che in ogni caso avanza, un continuare a scalpellare, un primo approccio non solo alla terra. Un levigare quello che si è andati a smussare per rendere linee il più lisce e somiglianti possibili ad una realtà che li accompagnava.

La lucentezza o un ulteriore levigare?

Un evolversi anche in questa arte, dove una semi trasparenza non voleva dire altro che essere stati ingannati, un caso probabile dove il calore di un camino faceva sciogliere quel lavoro che non avrebbe mai visto giorni futuri, ma arrabbiare clienti di passaggio e non solo.

La lucentezza ricercata, che a quel tempo era stato un inevitabile riscontro positivo, doveva quindi essere provata. Un ricoprire le proprie opere per dare brillantezza, un'operazione che manteneva il distacco con agenti non ancora studiati, ma risaputi, in quel vedere opere precedenti andare in pezzi o degradarsi.

Leonardo, uno degli artefici di questa tecnica, per dare risalto al suo lavoro, conservando le sue opere più a lungo e in migliore stato.

Statue

Oggi su piedistalli tentando si mantenere la loro originalità e al contempo un continuare a prevale uno sull'altro.

Come visto in principio, *un viso ben scolpito,* in parti che si guardano una volta sola, "sul retro", faceva del l'autore un solo artefice, in altri appostando iniziali o propri nomi su fondi che non avrebbero mai visto la luce, come ad esempio i piedi, che dovevano fare da un inevitabile primo e unico appoggio per il resto della scultura. Uno spazio d'aria sempre presente.

La spada un ulteriore appoggio, dava vita ad alcune pose particolari, dove lo scultore utilizzava l'oggetto per un triplice appoggio, una prima presa in giro per indicare un non proprio combattente.

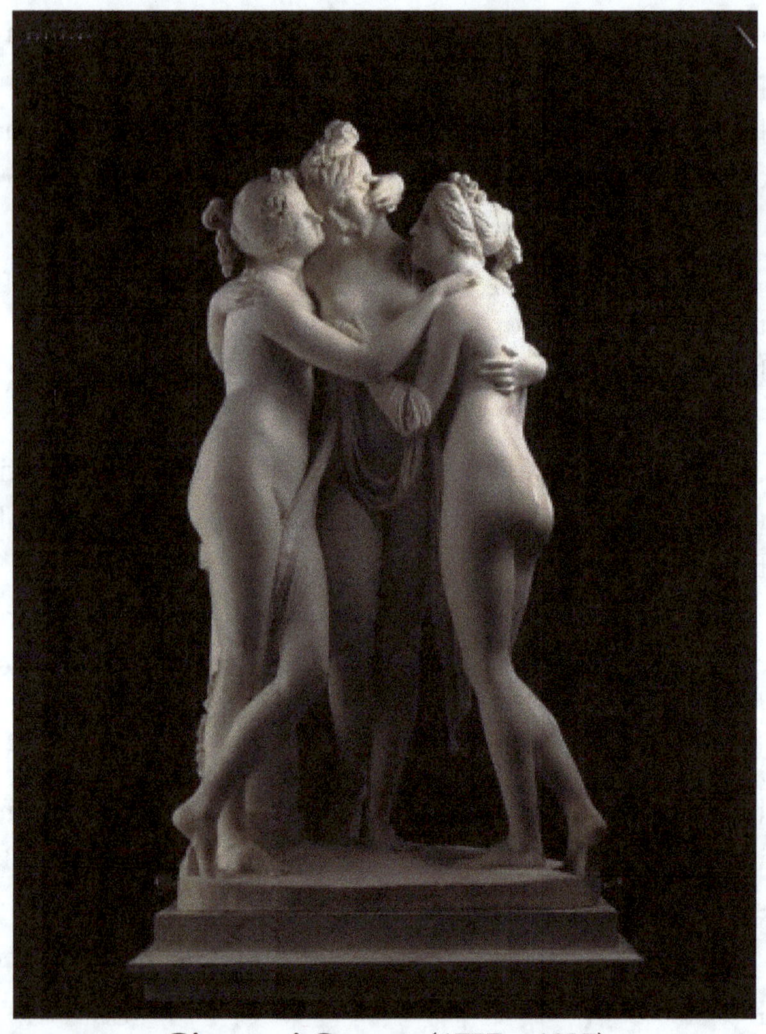

Giovanni Canova (1757 – 1837)

Giulio Cesare Imp.: «il ricordo di me, non deve stare su un comodino ma in piedi da solo».

Frasi che fanno sorridere ai nostri giorni, ma un tempo venivano prese seriamente, soprattutto guardando la persona a cui bisognava dare riscontro. Non solo imperatori in quei clienti che nei secoli si sono appropinquati in quel darsi arie, ma anche se pur sempre personalità sicuramente meno importanti, persone che avrebbero portato l'artista a elaborare altre opere; un'arte comunque costosa.

Uno studio che non partiva dalla ricerca del materiale, probabilmente primo pensiero dell'artista, ma da uno schizzo o perché non dal dipinto di una donna o un uomo per avere una maggiore capacità di giudizio nello scolpire visi noti e più somiglianti possibili in quello staccarsi dal compratore.

Al di là di frasi dette e sapute più o meno, potremmo identificare un primo elemento, dove non per colpa di chi dava vita e nemmeno per un ritrovamento, abbiamo tra le mani teste o braccia staccate da quel busto, originariamente un tutt'uno, uno scolpire per intero e tutto unito.

Teste: un accumunare credenze di quel tempo, avere solo la testa voleva dire non rispettare la persona, un inevitabile fallimento quindi per coloro che si presentavano con solo parti di corpo.

Mantenere viva quella credenza e la ricerca della perfezione dava all'artista e non solo il pensiero di rendere più unico e/o raro il proprio lavoro.

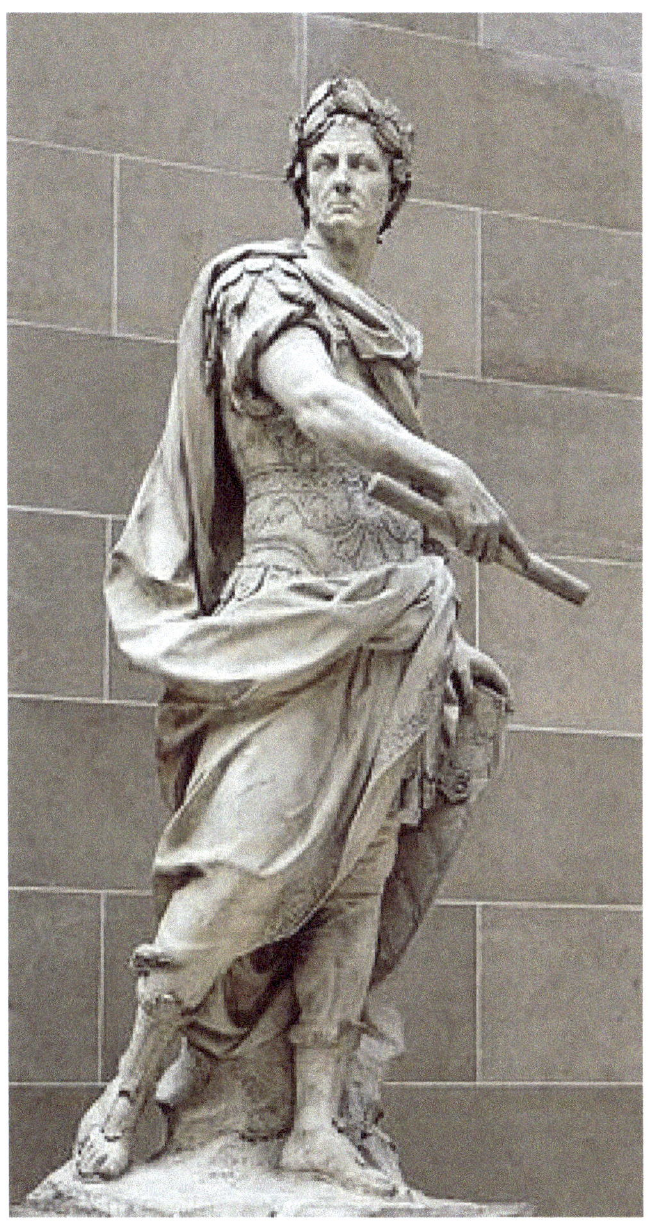

Nicolaus Costou (1658 – 1733)

Giulio Cesare o Marco Aurelio?

Un basamento visto come stampella, in un lavoro non proprio riuscito, quindi un non utilizzo, ma un comunque mantenere in memoria una intera persona per arrivare dopo anni alla conclusione. Pochi gli avventori che mantenevano l'ospite in quel loro divulgare opere in stanze apposta o in alcuni casi quella che diventava anche la loro camera da letto, rimanendo così fino a lavoro finito. Un diverbio che l'artista doveva studiare attentamente, per via di malcapitati riscontri.

Una differente interpretazione per quello che non era: altro particolare per un innesco di quel vero nel personaggio che va a richiesta, in un essere raffigurati per una sopravvalutazione.

Anche in questo caso l'artista riesce a elaborare un suo rifacimento facendolo accettare, non più in vestiti poco propensi ad essere scolpiti in una diversità, ma attraverso pose e oggetti poco risoluti. Per dare esempio un braccio in questi casi alzato e con la mano vuota, faceva risultare la persona poco professionale e non molto remunerativa.

Il mezzo busto, era visto come un vendere in mancanza di spazio, o soldi. Un riuscire ad avere un pezzo particolare per attrarre clienti in botteghe altrimenti anonime, un minore costo e un allargare del mercato, le proporzioni sempre mantenute davano come tale scultura un'altezza da tre dita sotto l'ombelico fino alla testa, le braccia dovevano sempre essere comunque riprese per intero, nonostante in alcuni casi, l'autore sempre in conoscenza del suo cliente dava la posizione a queste ultime lungo i fianchi, finendo sotto la cintola, per un evidente stato della persona nulla facente. In questo caso il mantenere a richiesta un basamento non collegato alla statua poteva essere per l'artista una presa in giro mantenuta. Altro dispetto per una antipatia o per una diversa divergenza, poteva dare allo scultore una differente scusa per un non mantenere le proporzioni. "Una derisione".

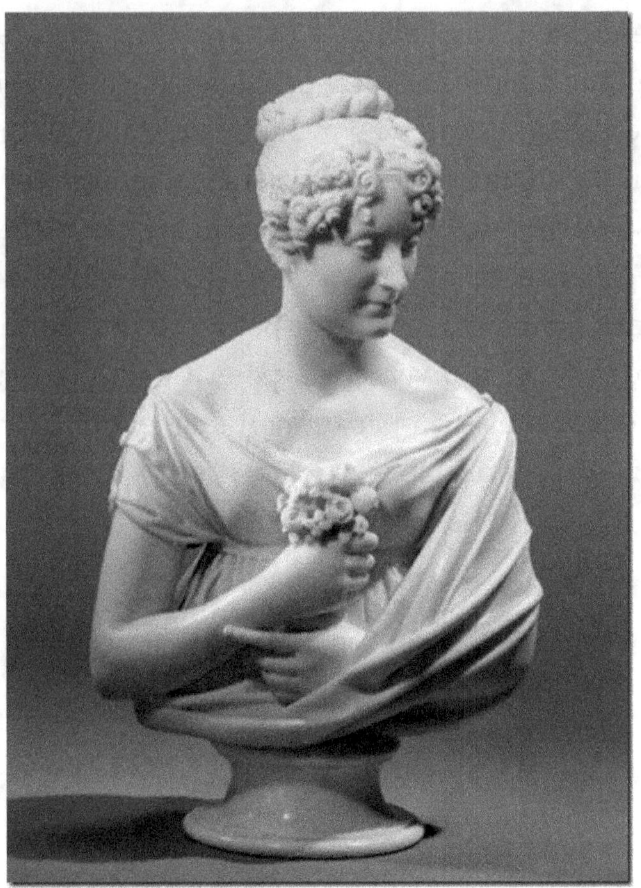

Lorenzo Bartolini (1777 – 1850)

La rappresentazione poteva rimarcare l'essere donna in quel tenere un mazzo di fiori in mano, non più quindi un essere trapassata come si era visto in alcuni dei dipinti, un inevitabile segno non bene identificato comunque persiste in quel dare vita alla donna, il dito posto al polso e non messo a pari del resto della mano. Probabilmente un segnare una via libera all'amante.

Primi anni o secoli dove l'artista nel suo interpretare non viene scovato almeno per i più furbi. Un continuo rimodernarsi in quelle diverse prese in giro stimola la mente in un proseguo più sicuro, la persona, il paesaggio, gli oggetti cambiano, ricordando sempre e comunque che in quel far conoscere la vera persona, non c'è l'intento di oltrepassare il confine di tempo, ma per un rimando in un loro contemporaneo.

20

ASCOLTARE L'ARTISTA
Come l'autore interpreta l'arte

Differenze sostanziali in quelle che si vanno a definire ARTE, non solo per un rielaborare idee, ma anche per fattibilità in una reale interpretazione, nonostante si debba ricordare una non possibilità nell'entrare nella testa dell'autore, per lo meno non di quel tempo; ma riconducendo il tutto alla mentalità.

Sculture solo quello che rimane, vesti e oggetti un nudo o semi vestito, nessun paesaggio per queste opere d'arte pervenute fino ai nostri tempi, un solo ricordare per fattezza l'essere eseguite in un blocco unico per avere maggiore solidità.

Dipinti un primo guardare per interezza la tela, non per la grandezza, particolarità irrilevante, ma un insieme di elaborazioni da poter suddividere.

Una partenza da mettere in risalto, fino ad un ultimo elemento.

IL PERSONAGGIO

Nel caso sia uno, la posizione *riposo, attesa* o *movimento;* una semplicità non proprio apprezzata in quel divulgare informazioni, soprattutto per una mancanza di panorama.

Nel caso siano più di uno, anche in questo caso un'attesa o un movimento di tutti, per un osservare particolarità che accomunano o dividono

Un essere visti

Un vedere

Un tralasciare

Il e/o i personaggi più in vista potrebbero non essere presi in considerazione, ma utilizzati per dare risalto.

IL PAESAGGIO

Un essere nel quadro unito a quel verde o alle strutture un rimando contemporaneo per avere maggiore attenzione e conquistare chi guarda, maggiori particolari non sempre portano ad avere una giustezza nella richiesta.

Per maggiore comprensione un Colosseo non proprio piccolo in quella prospettiva data dall'artista, un inevitabile probabile avvicinamento al luogo, non una zona ben delineata, almeno non per tutti; contrariamente ad una vista offuscata o in miniatura.

Con questo breve caso si vuole venire a segnalare non solo il luogo ora descritto, ma anche il tempo in quella che è una visuale di insieme.

Un immaginare, in alcuni casi, aiuta non solo un precedente argomento, ma anche un intrattenersi con amici per darsi arie in quel discutere oltre modo, un raccontare visto dal poeta, storie per tenere viva la conversazione.

In copertina

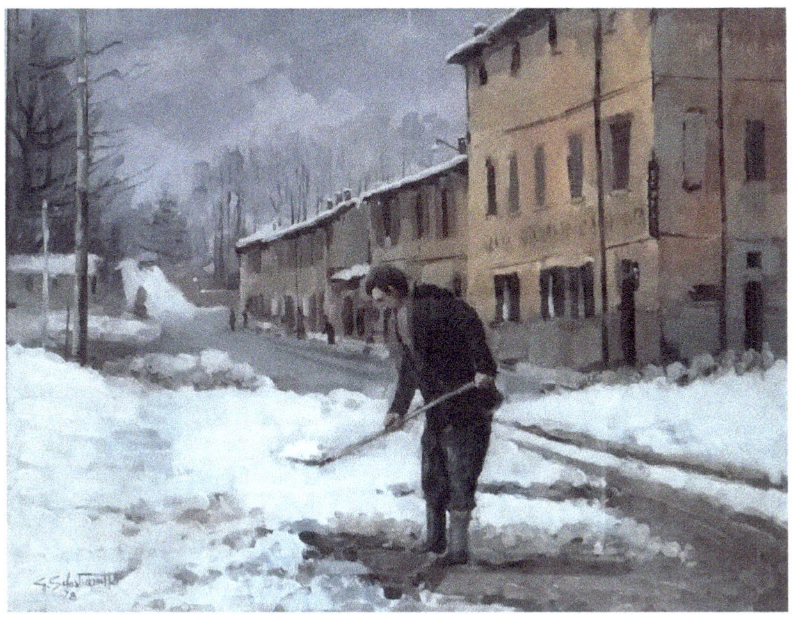

Giuliano Sebastianutto
"Uomo con la pala" **1978**

Scusandomi anticipatamente, il non voler inserire quali siano dipinti a mano, a spatola o pennellati; un dipeso dall' inevitabile non aver visto il tutto nel loro stato originale.

I dipinti o riproduzioni e le foto di sculture sono stati presi ed elaborati da internet